KB266821

팔리는 카피의
절대 공식

팔리는 카피의 절대 공식

최홍희 지음

퇴근 전 바꾼 카피 하나로
매출을 뒤집는 57가지 문장 공식

awake
어웨이크

"어떤 꿈이라도 수첩에 적으면 계획이 된다."

스테인리스 공장을 운영하던 아버지가 몸져누우셨을 때, 입시 미술 학원 강사이던 나는 직업을 내려놓고 50억 원의 빚이 남은 공장으로 돌아와야 했다. 지푸라기라도 잡고 싶었던 절박한 시간, 최홍희 디렉터의 강의를 만난 건 인생의 행운이었다. 그녀를 통해 카피 하나가 제품의 운명을 바꾼다는 것을, 그리고 그 카피는 영감이 아니라 철저한 설계에서 탄생한다는 것을 깨달았다. 그녀에게 배운 설계법을 따라 만든 카피들은 상세페이지가 되었고, 그 상세페이지는 조회수 500만을 기록한 릴스로 변신했으며, 마침내 하나의 브랜드가 탄생했다. 절박한 사람이 탁월한 설계자를 만나면 이런 기적이 생긴다. 지금 당장 내 제품의 운명을 바꾸고 싶은 사람이라면, 이 책이 기적의 씨앗이 될 것이라 믿어 의심치 않는다.

_ SMIT 김혜수 대표

육아의 부담을 안은 채 마이너스 통장 5천만 원으로 사업을 시작한 초보 창업자 시절, 나에게 최홍희 디렉터는 그야말로 한 줄기 빛 같은 존재였다. 냉혹할 줄 알았던 비즈니스 세계에서, 파트너가 잘되기를 바라는 진심 하나로, 우리는 작은 성공들을 만들며 함께 성장해나갔다. 이 책은 단순히 멋을 부린 글이 아니라, 철저히 실전에 입각한 '팔리는 글'의 비결이 가득 담겨 있다. 판매자의 간절함을 어루만져주는 그녀만의 다정함과 친절함이 문장 문장마다 느껴진다. 읽고 나면 저절로 알게 될 것이다. 왜 어떤 문장은 그냥 지나가고, 어떤 문장 앞에서는 속절없이 지갑을 열게 되는지를!

_ 키프트 하슬기 대표

개떡 같은 요청에도 국수처럼 카피를 뽑아내는 AI가 내 비위까지 살살 맞추는 시대, SNS 속 작자 미상의 댓글 한 줄에 공감과 패배감을 느끼느라 내 카피 한 줄 쓰지 못한 당신이라면, 이 책을 반드시 손에 쥐어야 한다. 근면 성실함으로 내공을 쌓은 최홍희의 카피에는 AI가 결코 흉내 낼 수 없는 '한 방'이 있다. 단, 그녀가 쓴 모든 카피의 비결은 치열한 수련의 결과다. 즉, 지금부터는 이 책을 읽은 당신에게 달려 있다.

최홍희 디렉터는 감이 아닌 철저히 계산된 논리로 팔리는 카피를 뽑아내는 전략가다. 공들여 만든 상품, 서비스가 최홍희 디렉터의 카피를 만나 날개 돋친 듯 팔리고 시장에서 사랑받는 걸 수없이 많이 목격한 당사자로서, 이제 책으로도 그 깊이를 만나볼 수 있다니 반가울 따름이다. 그동안 수많은 이들이 왜 그녀의 카피에 감탄하고 변화에 열광했는지, 이제는 독자들이 경험하길 바란다.

팀장으로 만난 최홍희 디렉터는 언제나 "어렵지 않죠?"라고 말하는 입버릇이 있었다. 얄미울 정도로 일을 척척 해냈던 그녀였지만, 신기하게도 막막한 백지 앞에서 그녀가 알려준 대로 일을 잘게 쪼개다 보면 '정답 카피'는 절로 찾아졌다. 이 책은 그 방식을 57가지 공식으로 담아낸 해결서다. 부담을 내려두고 펼쳐본다면, 디테일한 관점이 오히려 문제를 단순하게 만든다는 유쾌한 반전을 만나게 될 것이다.

첫 페이지를 넘기자마자 홀린 듯 끝까지 읽어 내려갔다. 이유도 모른 채 눈길이 머물던 그녀의 콘텐츠들을 떠올려보면 당연한 일이다. 그녀의 강의를 수십 번씩 복기하며 '어떻게 이런 생각을 할 수 있을까?' 하고 감탄하곤 했다. 단순히 카피를 쓰는 사람이 아니라 제품을 가장 매력적인 언어로 다시 태어나게 해주는 천재적인 시각에 경외심을 느끼곤 했는데, 그 빛나는 통찰이 마침내 한 권의 책으로 세상에 나왔다니 이보다 더 반가운 일이 있을까. 상세페이지의 미로 속에서 유일한 정답지였던 그 기준을 언제든 펼쳐볼 수 있게 되었다. 꼭 나만 알고 싶던 비밀 과외 선생님의 '정석'이 출간된 기분이다. 팔리지 않아 고민하고 있다면, 이 책이 가장 완벽한 이정표이자 마침표가 될 것이라 확신한다.

잘 팔고 싶어 최홍희 디렉터를 만났다. 그리고 시장의 본질을 배웠다. 그녀의 카피 수업은, 카피를 가르치는 척하면서, 결국 인간의 욕망이 어떻게 작동하는지를 꿰뚫게 한다. 상품의 속성, 놓이는 플랫폼의 맥락, 그리고 시대상에 따른 표현의 변주까지. 당연한 말 같지만 이 섬세함을 공식으로 만들어 양손에 쥐여주는 사람은 드물다. 적어도 나는 최홍희 디렉터 말고는 만나본 적이 없다. 이 책은 그 공식들의 집합이며 우리 팀원들의 필독서가 될 예정이다. 카피를 잘 쓰고 싶은 사람이나 광고를 배우고 싶은 사람이 아니라, 내 상품으로 사람의 마음을 움직이고 싶은 모든 이들에게 추천한다.

그녀의 수업을 직접 경험한 내가 바로 증거다. 특징을 나열하면 팔릴 줄 알았는데, 그녀를 만나고 나서야 팔리는 카피와 안 팔리는 카피를 구분하는 눈이 생겼다. 그리고 그 눈을 가진 뒤 직접 만든 상세페이지 하나가 와디즈 코팅제 카테고리 1위를 기록했다. 매출 0원이었던 내 브랜드가 단숨에 6,500만 원의 매출을 기록한 것이다. 답은 복잡하지 않다. 이 책에 나온 공식들을 그대로 대입했을 뿐이다. 이 공식들을 알지 못하면 온라인 판매의 게임판에서 절대 이길 수 없다. 읽지 말고 달달 외워라. 매출에 날개가 달릴 것이다.

_ 벨파인 이선례 대표

5년 동안 최홍희라는 사람을 지켜봐왔다. 물론 카피를 잘 쓰는 사람이지만, 그보다 사람의 마음이 어떻게 움직이는지를 누구보다 잘 아는 사람이더라. 그래서 책이 나온다는 말을 들었을 때도 단순한 카피라이팅 책은 아니리라 직감했고, 받아보니 적중했다. 이 책은 카피라이팅 기술서가 아니라, 고객의 마음을 파헤치는 심리 전술서에 가깝다. 내 제품이 도대체 왜 안 팔리는지 모르겠어서 답답한 사람들에게 대놓고 건네줘야 할 책이지만, 주의 사항 하나. 경쟁자가 늘어날 수 있으니 나만 볼 것.

_ 더퍼퓸 신다윗 대표

그녀를 원망한 적도 많았다. 대한민국 카피라이팅의 기준을 너무 높여버린 것 같아서. 카피의 집합소인 상세페이지의 격전지로 불리던 크라우드펀딩 플랫폼 와디즈에서, 마지막 퇴실자 명단에 항상 이름을 올리던 그녀의 숱한 밤들을 생각하면 당연한 결과이지만. 그렇게 쌓여간 그녀의 성공 프로젝트들은 일종의 교과서가 되어서, 대한민국 이커머스는 그녀의 카피라이팅과 상세페이지에 영향을 많이 받았다. 그런데 진짜 '교과서'가 나오다니! 추천하기 겁이 날 정도다.

_ 옥산백 최지원 대표

건강식품을 한 번이라도 다뤄봤다면 공감할 것이다. '좋다', '최고다'는 말밖에 못하는 뻔한 광고들이 넘쳐난다. 나조차도 클릭하고 싶지 않지만, 어디부터 어떻게 손을 대야 할지 막막할 뿐이다. 그러나 '무엇을 말할 것인가'를 넘어서 '어떻게 전달할 것인가'에 초점을 맞추면 숨통이 트인다. 똑같은 제품도 고객이 스스로 '이건 특별해!' 라고 느끼게 할 수 있기 때문이다. 모든 디테일의 비밀은 고객의 언어에 있다. 읽는 것만으로도 브랜드의 가치를 고객 스스로 느끼게 하는 곳만이 살아남을 것이고, 이 책에는 바로 그 생존의 공식이 담겨 있다.

_ 지강인 박좋은 팀장

가게 운영으로 바쁜 시간을 쪼개어 졸린 눈에 힘을 주며 강의를 듣던 사장님들의 눈이 번쩍 뜨였다. 최홍희 디렉터는 정성껏 만든 음식에 담긴 사장님들의 진심을 날카로운 문장으로 전할 수 있도록 이끌어주었고, 가게의 색깔을 살리면서도 당장 적용할 수 있는 실전 표현을 구체적으로 짚어주었다. 이 책은 강의 현장에서 환호를 받은 최홍희 디렉터의 강의의 정수만을 뽑아 오롯이 담은 책이다. 고객의 마음을 움직이는 한 줄이 필요한 분들께 꼭 권하고 싶다.

_ 우아한형제들 배민아카데미교육팀 김현희

고객의 머릿속에 단 하나의 생각만 남기는 법! 이 강렬한 주제를 다룬 최홍희 디렉터의 강의가 지금도 인상 깊게 남아 있다. 판매자들의 실제 상품 사례를 하나하나 짚어주는 세심함, 누구나 바로 적용할 수 있는 카피라이팅 공식의 명쾌함. 그녀의 강의를 들은 판매자들의 반짝이던 눈빛이 생생하다. 강의만큼이나 세심하고 명쾌한 내용으로 가득 채운 이 책이 고민 많은 판매자들에게 실질적인 해답과 방향을 제시해줄 것이라 확신한다.

_ 카카오 이지혜 수석

이 책은 단순한 이론서가 아니다. 기획과 실행을 '즉각' 가능하게 만드는 실무 매뉴얼 가이드다. 세일즈와 카피의 구조를 이해하는 데 필요한 핵심 내용뿐 아니라 실전형 공식을 제시하는 이런 책은 우리나라에서 최홍희 디렉터만 쓸 수 있다. 저자의 강연과 교육, 그리고 철학을 현장에서 지켜본 사람들은 안다. 이토록 감도 높은 개념을 누구나 쉽게 공감할 수 있는 일상과 예시로 녹여내는 그녀만의 특별함을. 독자들에게도 압도적인 몰입감을 제공할 책이 분명하다.

_ 인사이트플랫폼 박진혁 팀장

내가 만난 최홍희 디렉터는 와디즈 최연소 팀장이라는 놀라운 커리어를 이루었음에도 불구하고 여전히 자신의 업에 대해 눈빛이 반짝이는 진정성 있는 사림이었고, 온라인 강의력과 오프라인 강의력을 모두 갖춘 실력자였다. 타고나는 감각의 영역이라 생각했던 카피라이팅을 체계적인 공식으로 누구나 접근할 수 있게 풀어낸 그녀의 열정과 실력에 갈채를 보낸다. 매출을 올리고 싶은 마케터나 판매자뿐 아니라 더 좋은 글을 쓰고 싶은 모든 분께 자신 있게 추천하는 책이다.

_CJ올리브네트웍스 최현우

듣보잡 브랜드가 첫 출시 '완판'을 경험할 수 있었던 건, 화려한 광고 예산이 아니라 카피의 힘이었다. AI가 사람 대신 생각해준다고 하지만 틀렸다. AI는 가장 안전한 평균만 권하고, 그 누구도 '평균'이 되려고 사업을 시작하진 않기 때문이다. 심금을 울리는, 공감을 사는, 팔리는 기획은 평균을 벗어나야만 나온다. 그 한 끗의 차이가 궁금하다면, 제일 좋은 방법이야 최홍희의 뇌를 빌려오는 것이겠지만, 이 책은 그다음 선택지가 되어줄 것이다. 그녀의 모든 노하우가 고스란히 담겨 있으니까.

_ 아우라 김예람 대표

AI가 흉내 낼 수 없는
'팔리는 한 끗'의 차이

학창 시절에는 좀비가 세상에서 가장 무서웠다. 한때 사랑했던 존재마저 알아보지 못하고 그저 물어뜯기 위해 달려드는, 살아 있어도 살아 있는 게 아닌 존재. 직장인이 되어서는 커서가 깜빡이는 흰 화면이 가장 두려웠다.

마감 시간은 다가오는데 아이디어가 떠오르지 않아서 빈 화면을 바라보는 것 말고는 할 수 있는 게 아무것도 없을 때. 유리 건물들로 빽빽한 판교의 사무실에 홀로 앉아 동이 터오는 걸 보며 퇴근하는 날이 늘어날수록 체력은 떨어져서 머릿속은 멍하지, 엉덩이를 오래 붙이고는 있었는데 결과물은 없지, 대충 씻기만 하고 곧장 다시 출근해 빈 화면을 들여다보길 수없이 반복했다. 살아도 사는 게 아닌 것 같은 나날들. 좀비는 영화 속에만 존재하는 게 아니었다.

오늘도 수많은 카피라이터가, 이커머스 셀러가, 스몰 브랜드의 대표들이 좀비로 살아간다. 시장에 쌔고 쌘 제품을 클라이언트의 요구에 맞추어 카피라는 포장지로 멋지게 포장해야 해서, 제품 소싱에는 성공했는데 이커머스에서 도저히 반응이 오지 않아서, 내 브랜드를 세상에 알릴 그 한 문장이 나오지 않아서. 뜯어보면 이유가 조금씩 다르긴 하지만 그들이 좀비가 된 궁극적인 이유는 같다. 그놈의 카피 때문이다.

한때 카피는 TV 광고 속 멋진 '한 줄'이었다. TV가 거실 한가운데를 차지하는 게 익숙하던 시절, 누구나 한 번쯤 "진심이 짓는다"라거나 "우리가 어떤 민족입니까", "야, 너두 할 수 있어", "미녀는 석류를 좋아해" 같은 카피를 들어봤지 않은가. 하지만 유튜브와 인스타그램의 등장으로 미디어가 다채로워지고 AI까지 등장한 지금, 이제 카피라이팅은 특정 전문가의 전유물이 아니라 생존을 위해 누구나 갖춰야 할 필수 스킬이 되었다. SNS에 나를 매력적으로 브랜딩하기 위해, 이커머스에서 고객을 즉각적으로 설득하기 위해, AI가 뱉어낸 무미건조한 아흔아홉 개의 문구 사이에서 고객의 지갑을 열게 할 단 하나의 '1등 카피'를 골라내야 하기 때문이다.

판교의 유리 사무실을 뒤로하고 '프라이빗 상세페이지 컨설턴트'로 독립한 이후, 특히나 마지막 이유 때문에 고민하는 이들을 수 없이 만났다. AI로 '딸깍'하면 팔리는 카피가 나온다는 말에 온갖 툴을 섭렵해봤지만, 정작 결과물은 70~80점 수준에 머물러 답답함을 느끼는 대표님과 마케터들, 상세페이지 기획자들 말이다. 심지어 비싼 유료 결제까지 했는데도 결과는 신통치 않다.

이유는 명확하다. AI는 과거의 방대한 데이터를 학습해 '논리적으로 가장 적합해 보이는 결과물'을 조합하기 때문에, 논리가 아닌 감정에 반응해 구매를 결정하는 사람들의 마음을 100% 홀릴 수 없는 게 당연지사다. AI가 학습한 데이터 대부분은 확률적으로 '뻔하고 흔한 카피'들이니까. 우리가 쿠팡의 수많은 상세페이지를 봐도 '오~!' 하고 감흥을 느끼지 못하는 것과 같은 이치다. 결국 AI는 어디까지나 흰 화면을 채워주는 보조 도구일 뿐, 그 뒤는 언제나 사람의 몫이 남아 있다. 수정과 퇴고를 거치며 아흔아홉 개의 뻔함을 이겨낼 단 한 줄을 찾는 일 말이다.

이 책은 바로 그 '마지막 한 끗'을 고민하는 실무자들을 위한 실전 지침서다. 용기 있게 빈 화면을 마주하는 신입 마케터부터, AI

가 뽑아준 카피 결과물을 어떻게 수정해야 할지 여전히 막막한 실무자까지 누구나 즉시 꺼내 쓸 수 있는 57가지 카피라이팅 공식을 이 책에 담았다. 이 글을 쓰고 있는 봄날의 화창한 새벽에도 '룸 스프레이' 제품 3종의 상세페이지 카피를 쓰고, 화장이 잘 먹는 앰플의 카카오톡 푸시 메시지를 쓴 카피 실무자가 매출과 사투를 벌이는 이커머스의 전쟁터를 기고 구르고 달리며 압축한 공식들이다.

다양한 적용 사례들과 실전 연습을 해보는 구성을 풍성히 추가했기 때문에 돈값은 할 것이다. 적어도 유료 결제한 당신의 클로드보다는 훨씬 더. 자, 이제 좀비의 삶을 끝내고 당신의 카피로 시장을 흔들 준비가 되었는가.

2026년 4월

최홍희

차례

PART 1

MINDSET
카피란 무엇이고, 카피라이터란 누구인가

PART 2

WHO
지갑을 여는 진짜 고객을 찾아내는 법

PART 6

SKILL
카피를 무한 생성하는 문장 쓰기의 기술

PART 7

SECRET
현장에서 살아남는 카피라이터의 비밀 노트

카피란 무엇이고, 카피라이터란 누구인가

당신의 인생을 바꾸는
무기, 카피라이팅

+ **'한 끗' 차이의 힘**

"준수 에디터님, 어제 몇 시에 퇴근하셨어요?"

"하하… 비밀입니다. 아시면 속상해하실걸요?"

"그럼 더 묻지 않을게요. 따뜻한 아메리카노 한잔 드릴까요?"

"커피보다는… 'Why'가 필요합니다. 도대체 왜 이렇게까지 카피를 열심히 써야 하는지, 새벽까지 빈 화면만 보다 보면 '현타'가 올 때가 많거든요."

고민에 빠진 주니어 에디터 준수 님의 말에 나는 슬쩍 내 키를 물었다.

"준수 에디터님, 제 키가 몇으로 보여요?"

"글쎄요, 한 160cm 정도?"

"아니요, 앞자리부터 달라요. 정확히 156.8cm거든요."

"에이, 전혀요! 진짜 그렇게 안 보여요."

"고마워요. 키 커 보이려고 코디에 엄청 신경 쓰거든요. 지금 신은 이 운동화도 사실 9cm 키 높이랍니다."

갑작스러운 키 고백에 어안이 벙벙해진 준수 님에게 나는 카피라이터의 진짜 숙명을 이야기해주었다.

"카피란 게 딱 이래요. 우리는 제품의 스펙을 직접 뜯어고칠 권한이 거의 없죠. 156.8cm라는 제 키를 바꿀 수 없는 것처럼요. 이미 만들어진 제품의 단점을 지우고 장점을 극대화해서 가장 빛나 보일 수 있게 '체형 커버 룩'을 입혀주는 것. 그게 우리가 하는 일입니다. 어떻게 입히느냐에 따라 비율 좋은 모델처럼 보이기도 하고, 그냥 키 작은 아이처럼 보이기도 하니까요."

"하지만 9cm 키 높이 운동화는 사기 아닌가요?"

"재밌는 질문이네요. 그건 커피 마시러 가면서 마저 얘기해볼까요?"

+ **카피는 매출을 바꾼다**

여기 흰 셔츠가 두 벌 있다. 디자인도, 가격도, 재질도 똑같은 무채

색의 셔츠다. 하지만 셔츠 하단에 붙은 카피 한 줄이 다르다면, 과연 어떤 셔츠가 먼저 품절될까?

카피 A	카피 B
탄탄하고 부드러운 **면 100% 화이트 셔츠** 오늘만 39,900원	이 셔츠 입은 날, **소개팅 성공률 100%였어요.** 오늘만 39,900원

당신이라면 어떤 셔츠를 만지작거리겠는가? 아마 B 셔츠의 카피를 보는 순간, 죽었던 연애 세포가 깨어나며 머릿속으로는 이미 손주까지 보는 상상을 마쳤을지도 모른다. 글자 수는 더 적지만, 실제 사용자의 경험을 옮겨온 듯한 B의 카피가 우리의 마음을 강렬하게 흔든다.

카피는 제품의 '인상'을 완전히 바꾼다. 본질은 그대로일지언정 이를 감싼 카피 한 줄이 바뀌면 아예 다른 제품이 된다. 키에 따라 사람의 가치가 달라지지 않지만, 제품과 서비스는 어떤 카피를 만나느냐에 따라 가치가 급등하기도 급락하기도 한다.

좋은 카피를 만나면 제품과 서비스의 가치가 급등한다. 매출이 오른다는 말이다. 소개팅에 성공할 수만 있다면 39,900원이 아니라 139,900원이라도 지불할 사람이 세상에는 차고 넘치기 때문이다. 반대로 나쁜 카피는 제품을 저평가하게 만든다. '면 100% 셔츠'는 쿠팡에서 9,900원에도 살 수 있다. 결국 우리 제품이 차지했어야 할 '고단가'의 자리를 평범한 저가형 제품에 빼앗기고 마는 것이다.

39,900원짜리 셔츠에 카피 한 줄을 더해 139,900원의 가치를 부여하는 것. 결국 카피란 3만 원짜리 물건에 10만 원의 가치를 더해주는 '부가가치의 마법'이다. 카피가 존재하는 첫 번째 이유, 그건 두말할 것 없이 매출이다.

＋   카피는 내 시간을 바꾼다

이번에는 치약을 보자. 당신은 어떤 치약에 지갑을 열겠는가?

카피 A	카피 B
안녕하세요, 강남에서 10년째 치과를 운영하는 김성실 원장입니다. 미국이나 유럽과 달리 우리나라 사람들은 고불소 치약을 막연히 두려워합니다. 그러나 불소는 미국 FDA에서 승인한 유일한 충치 예방 성분입니다. 그 어떤 충치 예방 성분보다 안전한 불소, 저희 치과가 불소 함량을 식약처 권고 최대치까지 높인 치약을 새롭게 선보입니다. 많은 관심 부탁드립니다.	강남에서 10년째 치과 하고 있습니다. **저보다 충치 잘 아는 분들만 고불소 치약을 욕하십시오.**

솔직히 말해보자. A를 끝까지 다 읽었는가? 아마 중간쯤 읽다

가 B로 눈이 돌아갔을 것이다. 쓰는 사람의 관점에서는 어떨까? '고불소 치약에 대한 편견을 깨자'는 아이디어를 짜내기까지의 고민은 양쪽 다 비슷했을 것이다. 하지만 A를 쓴 사람은 긴 문장의 논리를 맞추느라 야근을 면치 못했을 것이고, B를 쓴 사람은 짧고 강렬한 두 문장으로 상황을 종결시킨 뒤 기분 좋게 퇴근했을 것이다.

어떤 카피라이팅 스타일을 선택하느냐가 나의 퇴근 시간과 생산성, 나아가 상사의 신임을 결정짓는다. 아이디어라는 재료가 같더라도 더 맛있는 요리를 더 빠르게 내놓는 것은 결국 '스킬'의 문제다. 구약성경에서조차 "태양 아래 새로운 것이 없다"(전도서 1장 9절)고 할 만큼 아이디어를 떠올리는 데 걸리는 시간은 비슷하다. 재료가 똑같을 때 더 맛있는 요리를 더 빠르게 만들어내는 건 곧 요리사의 스킬이다. 아이디어가 똑같다 해도 더 매력적인 카피를 쓰는 건 곧 카피라이터의 스킬이 결정짓는다.

특히나 몇 줄의 프롬프트만으로 AI가 재료(정보)를 빛의 속도로 모아주는 지금 시대에는 더더욱 그렇다. AI가 가져온 재료를 맛깔스럽게 요리할 줄 아는 스킬을 갖춘 카피라이터만이 더 빠르게 퇴근하고, 더 오래 살아남는다. 카피가 존재하는 두 번째 이유, 그건 나의 시간을 아끼고 더 빨리 퇴근하기 위해서다.

서점의 에세이 코너를 상상해보자. 당신은 어떤 책을 집어 들겠는가?

카피 A	카피 B
카피라이터 최홍희의 이탈리아 여행기 《모든 길은 로마로》	이탈리아에 진심인 카피라이터가 써 내려간 **10만 자**의 여행 일기 《모든 길은 로마로》

이번에도 B에 손이 먼저 갔겠지만, 치약과는 다른 이유다. B는 오히려 글자 수가 더 많다. 그럼에도 B가 더 매력적인 이유는 '10만 자'라는 단어 하나 때문이다. 이 단어 하나로 명확한 콘셉트와 키워드를 가진, 오직 이 저자만의 경험이 농축된 에세이가 되었다. 사람들은 이름 모를 작가가 이탈리아에서 무엇을 먹고 마셨는지 궁금해하지 않는다. 하지만 '10만 자의 진심'이라는 카피는 그 책에 담긴 '경험의 농도'를 짐작하게 한다.

좋은 카피는 제품·서비스의 가치를 급등시키고, 나의 시간을 아껴주는 데다가, 나라는 사람 자체를 돋보이게 만들어준다. 잘 쓴 카피 한 줄로 '카피라이터 최홍희'가 아니라 '10만 자의 진심을 눌러 담은 에세이스트'가 되는 건 순식간이다. 이처럼 카피는 나라는 사람의 가치를 증폭시키는 가장 강력한 퍼스널 브랜딩 도구다. 자기소개서 한 줄, 하다못해 인스타그램에서 비슷비슷한 '감성 글귀'를 쓰더라도 카피를 잘 쓰는 사람의 '좋아요'는 수백 개에 이르지만, 그렇지 못한 사람은 '술 마시고 썼냐?'라는 악플에 가슴 아파하며 남몰래 게시물을 삭제하게 된다.

+ AI조차 카피 잘 쓰는 '인간'을 이길 수 없다

이제 주변에서 AI 유료 결제를 안 하는 사람 찾기가 하늘의 별 따기가 되었다. 카피라이팅에 관심 있는 사람들이라면 더더욱 그럴 것이다. 그런데도 우리가 AI 시대의 대척점에 서 있는, 아날로그의 결정체, 사람이 쓴 카피라이팅 '책'을 집어든 이유는 무엇인가? AI가 아무리 발전해도 인간을 결코 이길 수 없는 영역이 있기 때문이다.

첫째, 인간 카피라이터에게는 '과감히 뺄 권리'가 있지만, AI는 '안 쓴다'는 선택을 못 한다. AI는 제품 스펙을 나열하라는 명령에 "소개팅 성공률 100%"처럼 과감하게 스펙을 지워버리는 판단을 하지 못한다. 그저 더 그럴듯한 스펙을 기계적으로 나열할 뿐이다. AI가 할 수 있는 건 고작 "소개팅 성공률 100%란 카피는 어때?"라고 물었을 때 "와, 너 정말 핵심을 찔렀어!" 하면서 감탄하는 정도겠지.

둘째, 인간 카피라이터는 매력적인 '선의의 거짓말'을 할 수 있지만, AI는 '거짓말'을 못 한다. 정확히는 사람을 홀리는 '과장'을 하지 못한다. "저보다 충치 잘 아는 분들만 고불소 치약을 욕하십시오"라는 카피가 강렬한 건, 김성실 원장이 실제로는 충치를 '가장' 잘 아는 사람이 아니기 때문이다. 하지만 사람의 마음을 움직이는 것은 때로는 데이터보다 (사회적으로 용납 가능한 선에서의) 이 '당당함'이다. AI는 메마른 팩트만 늘어놓을 뿐이다. "이 카피 어때?"라고 물으면, "김성실 원장이 정말로 고불소 치약을 가장 잘 아는 사람인지 입증할 데이터를 함께 적으라"는 피드백만 줄 터이다.

셋째, 인간 카피라이터는 살아 있는 '맥락'을 이해하지만, AI는 그 맥락을 전혀 모른다. 수능일에만 찹쌀떡이 잘 팔리는 시즌의 한계를 극복하고자 한 떡집이 "봄에 찹쌀떡을 사줄 사람이 누가 있을까?" 하고 물어보면, AI는 "봄나들이 등산객이 늘어나는 시즌이니 등산 대표 간식인 바나나 대신 찹쌀떡을 팔아보세요"라고 제안한다. 논리적으로 흠잡을 데가 하나 없다. 그러나 현실에서는? 등산가는 아버님 가방에 목메는 찹쌀떡을 넣어드리면 욕만 얻어먹을 뿐이다.

이처럼 AI가 출력한 결과가 논리적으로는 완벽할지 몰라도, 주어진 맥락이나 사용자의 숨은 의도, 실용성과 어긋나 현실에서는 적용 불가능한 것을 이른바 '맥락과의 불일치Contextual Misalignment'라고 한다. 이런 탓에 AI는 "10만 자의 진심"이 왜 "카피라이터 최홍희"보다 강렬한지 계산할 수 없다. 카피라이터라는 사회적으로 '검증된' 것처럼 보이는 장점이 분명히 존재하는데 왜 '10만 자'를 강조해야 하는지 도무지 알지 못한다. 사람들이 왜 무명작가의 여행기를 안 사는지, 어떤 단어 하나가 '경험의 농도'를 암시하는지, AI는 인간 사회의 복잡미묘한 맥락을 읽어내지 못하기 때문이다.

그래서 AI 시대에 살아남는 건, 결국 카피를 잘 쓰는 사람이다. AI가 모아준 재료를 보고 '이건 빼야겠다'라거나 '이 정도는 과장해도 되겠다', '이 맥락에서는 이 단어 하나면 충분하다'고 판단할 수 있는 사람 말이다. 다행인 것은 이게 그리 어렵지 않다. 이 책에서 소개하는 공식만 따르면 어느새 AI와 3시간 동안 끙끙대며 쓴 카피를 압도하는 한 줄을 단 3분 만에 써내게 될 것이다. 재료 손질은 AI에게, 진짜 요리는 바로 당신이. 그게 AI 시대에 아날로그 인간들이 살아남는 법이다.

목적이 있다면
이모티콘 하나도
카피다

+ ‘한 줄’ 카피에 집착할 필요가 없는 이유

프롤로그부터 찬찬히 읽어온 독자라면 이 카피를 기억할 것이다. "진심이 짓는다", "우리가 어떤 민족입니까", "야, 너두 할 수 있어", "미녀는 석류를 좋아해."

모두에게 익숙한 이 '국민 카피'들에는 치명적인 부작용이 있다. 현장에서 매일 카피를 써야 하는 사람들에게 '천재적인 감각이 담긴 임팩트 있는 한 줄만이 카피'라는 오해를 심어준다는 것이다. 이커머스에 막 발을 내딛은 사장님이라면 겁부터 날 수밖에 없다. 좋아하는 사람에게 카카오톡 메시지 한 줄 쓰는 것도 끙끙댔는데,

저런 역사적인 카피 한 줄을 도대체 어떻게 쓰나 싶을 테니까.

하지만 안심하시라. 카피copy의 정의는 아주 심플하다. '광고의 문안' 그 이상도 이하도 아니다. 어학사전 어딜 들여다봐도 '카피가 반드시 한 줄이어야 한다'는 조건은 없다. 심지어 두산백과사전에서 정의하는 카피는 아래와 같다.

+ **카피copy의 정의**

1. 광고 본문을 가리키는 경우
2. 캐치프레이즈와 서브타이틀 등을 포함하는 경우
3. 일러스트레이션·레이아웃·로고 타입(상표) 등을 포괄한 일체의 광고 원고

즉, 카피는 한 줄을 넘어서 이미지와 글의 배치까지 모두 포함한다. 그런데도 우리는 왜 "야, 너두?"만 카피라 생각하는 걸까? 왜 카피는 대형 광고대행사의 전유물이라고만 생각하는 걸까? 우리가 대부분의 카피를 지하철 광고판이나 TV 자막 같은 한정된 지면에서 만나왔기 때문이다.

"야, 너두?"를 조금 더 깊게 들여다보자. 이 광고가 대한민국을 달구던 시절, 우리는 버스 외벽과 지하철 내벽에서, 또 인터넷 포털의 메인 화면에서 나를 향해 손가락을 내민 조정석 배우와 노란색 배경 위의 '야, 너두?'를 매일 보고 살았다. 하지만 이 강렬한 문구가 사실은 촘촘하게 설계된 전체 광고 문안 중 마지막 '화룡점

정' 한 줄에 불과하다는 걸 아는 사람은 드물다.

[Case Study] "야, 너두?" 광고 스크립트 분석	
구성 요소	실제 광고 문안
공감 유도	올해도 새해 목표가 또 영어 회화야? 영어, 3~40분씩 각 잡고 앉아서 힘들게 하지 말랬지.
차별점 제시	**짧고 쉽게 집중해서 딱 10분씩만!** **영어, 절대 어렵게 하지 마.**
차별점의 구체화	눈으로 보고 입으로 따라 해, 애들 말 배우듯이. 핵심 문장, 단어만 바꿔가면서 반복 또 반복. 그러다 보면 입에서 저절로 영어가 툭. 나도 모르게 툭 툭.
변화 제시	처음엔 나도 설마 했지. 지금은? 아임 파인, 땡큐만 알던 초보들이 이젠 장학금까지 받아 가면서 영어가 툭.
증거 제시	영어가 진짜로 되니까 단번에 만족도 1위. 그게, 야나두야. 영어, 언제까지 시작만 할래? 이제 끝을 봐야지. 너두 진짜 말하기에 필요한 영어를 공부해, 야나두처럼.
감정적 고조	니가 포기하지 않으면 우리도 포기하지 않는다.
핵심 카피	야, 너두 영어 할 수 있어.

이처럼 우리가 기억하는 빛나는 주연 "야, 너두" 뒤에는 그를 받쳐주기 위해 묵묵히 제 역할을 다한 조연 카피들이 빼곡하다. 이 조연들을 카피가 아니라고 할 수 있을까? 전혀 아니다. 다만 버스

외벽에 붙이기에 지면이 부족했을 뿐이다. 사람들이 쉽게 기억할 수 있도록 이 긴 광고 문안의 핵심을 엑기스처럼 농축한 한 줄이 선택되었을 뿐이다.

그러니 제일기획에 다니지 않는다고 겁먹을 필요는 없다. "올해도 새해 목표가 또 영어 회화야?" 같은 말은 우리 부모님도 연말연초에 달고 사시는 지극히 평범한 생활 언어니까.

목적이 있다면 전부 카피다

사람 구합니다.
위험한 여정, 적은 임금, 혹한, 몇 달간 완전한 어둠,
끊임없는 위험, 무사 귀환 불확실, 성공 시 명예와 영광.

_ 어니스트 섀클턴, 벌링턴가 4번지

이 신문 광고를 보고 가슴이 뛰지 않을 사람이 있을까? 영국의 탐험가 어니스트 헨리 섀클턴 경이 신문에 냈다고 알려진 이 광고는 5,000명이 넘는 지원자를 불러모았다. 197 대 1이라는 경이로운 경쟁률을 뚫고 뽑힌 정예 대원들은 비록 남극점 정복엔 실패했지만 15개월의 사투 끝에 전원 생존해 돌아오는 기적을 썼다.

다시 광고 문안을 보자. 만일 "위험한 여정, 적은 임금, 혹한, 몇 달간 완전한 어둠, 끊임없는 위험, 무사 귀환 불확실"까지만 쓰

고 끝냈다면 어땠을까? '죽으러 갈 사람 구함'이라는 광고에 아무도 반응하지 않았을 것이다. 반대로 "성공 시 명예와 영광"만 썼다면? 명예와 영광을 얻는 방법은 세상에 널렸는데, 무엇인지도 모르는 프로젝트에 합류해야 할 사람은 없다. 그렇기에 '사람'이라는 호출부터 '영광'이라는 보상까지, 모든 단어가 유기적으로 연결되어 '남극 탐험대 선발'이라는 목적을 달성하는 훌륭한 카피가 되었다. 이 중 하나라도 빠졌다면 결과는 달랐을지도 모른다.

　　이처럼 명확한 목적을 가지고 쓰인 모든 글이 카피다. 얼마 전 소개팅을 한 상대에게 '나 이렇게 분위기 좋은 사람이야'를 알리고자 잘 나온 카페 사진과 함께 커피 이모지(☕) 하나를 인스타그램에 올렸는가? 그 커피 이모지 하나도 훌륭한 카피다. '나 이런 사람이야'를 알리기 위한 목적이 담겨 있기 때문이다. 축하한다. 당신은 이미 카피라이터로 살고 있었다!

+　　　　　　　　　　　　　　**카피라이터란 직업이 만만한 이유**

전국에 계신 카피라이터 분들께 잠시 사과드린다. 결코 비하하려는 의도가 아니다. 내가 하고 싶은 말은, 누군가를 설득해서 내 의도대로 움직여본 적이 있다면 누구나 카피라이터의 자질을 지니고 있다는 것이다.

　　마트 시식 코너에서 1인 가구임에도 만두 두 팩 묶음을 사게 되는 건 지글지글한 냄새 때문만은 아니다. "오늘까지만 이 가격이에요", "시켜 먹는 것과 비교가 안 되는 가격입니다", "마트 직원들도 퇴근할 때 다 사 갔어요"라고 외치는 점원의 '말발' 때문이다. 이 점원이 카피라이터가 아니라고 누가 말할 수 있겠는가?

꼭 지갑을 열어야만 카피인 것도 아니다. 소개팅 상대가 내 인스타그램을 보고 "다음엔 저랑 같이 가요!"라며 DM을 보내왔다면? 상대의 마음을 움직여 행동하게 만들었으니 당신은 이미 실력 있는 카피라이터다. 고객의 지갑을 열든, 상대방의 마음을 열든, 내 의도대로 상대를 움직이는 것. 이것이 카피의 본질이자 전부다.

카피는 영감이 아니라
설계에서 나온다

+

감각이 전부는 아니다

"전 글 쓰는 재주나 타고난 감각이 없는데, 짧은 시간 안에 센스를 키울 수 있는 '꿀팁' 좀 알려주세요."

카피라이팅 강의를 진행하다 보면 청중분들이 꼭 이런 질문을 던진다. 간호학과 엄마와 기계공학과 아빠 사이에서 태어나 화학공학과 남편과 살고 있는 '뼛속까지 이과 집안'의 일원으로서 솔직히 고백하자면, 이럴 때 참 난감하다. 나 역시 천재적인 감각을 타고난 게 아니라, 그저 먹고살기 위해 남들보다 조금 더 많이 읽고 많이 쓰다 보니 여기까지 왔기 때문이다. 하지만 분명한 사실은 감각이 없어도 '팔리는 카피'는 얼마든지 쓸 수 있다는 점이다. 카피가 단순히 멋진 단어의 조합으로만 만들어지지 않기 때문이다.

설악산의 흔들바위를 떠올려보자. 우리 인간들한테나 경이로운 흔들바위지, 바위 옆에 서 있는 나무들에겐 그저 수많은 바위 중 하나일 뿐이다. 나무는 '왠지 저 바위는 밀면 흔들릴 것 같다'고 생각할 리 없지만, 사람은 다르다. 아래가 좁고 위가 좀 더 넓은 형태로 덩그러니 놓인 바위를 본 순간, 누가 시키지도 않았는데 '어? 저거 밀면 넘어가겠는데?' 하는 엉뚱한 마음이 샘솟는다. 매해 만우절마다 '누가 흔들바위를 밀어서 떨어뜨렸다'는 가짜 뉴스에 전국이 속아 넘어가는 이유도 여기에 있다. 바위라는 '본질'은 그대로지만, 보는 대상이 나무인지 사람인지에 따라 존재 의미가 완전히 달라지는 것이다.

구분	누구에게(Who)	무엇을(What)	어떻게(How)
나무	무심한 존재	그저 바위	아무 의미 없음
사람	유혹당하는 존재	흔들바위	밀어보고 싶게 만든다

+ **카피의 구성 요소, 2W1H**

누구에게(Who), 무엇을(What), 어떻게(How) 말할 것인가. 이것이 카피에 숨은 세 가지 구성 요소이자 이 책의 핵심 공식인 '2W1H' 이다.

"준~비하시고, 쏘세요!"가 누군가에게는 예능 프로그램의 자막으로 읽히고, 누군가에게는 추억의 주택복권을 떠올리게 하는 것처럼, 토씨 하나 틀리지 않은 문장이라도 어떤 '맥락'에서 설계되었느냐에 따라 대박을 치기도 하고 스팸함으로 직행하기도 한다. 이 차이를 만드는 건 결국 '설계의 힘'이다.

[Case Study] 고카페인 커피의 2W1H 설계		
누구에게(Who)	밤샘이 일상인 대학원생	건강이 최우선인 중년층 어머님
무엇을(What)	강력한 각성 효과	카페인 주의 요망
어떻게(How)	"죄송합니다. 오늘 밤 푹 주무시려면 절대 드시면 안 됩니다."	"카페인에 예민한 분은 반씩 나누어 드세요."

그래서 카피를 쓸 때에는 오히려 감각이 없는 것이 유리할지도 모른다. 눈을 감고 조금만 고민하면 '유레카!' 하며 멋진 표현이 떠오르는 사람은 '누구에게, 무엇을, 어떻게'라는 치밀한 고민 없이 본능에만 의존해 카피를 쓰기 쉽기 때문이다. 그건 마치 요리 실력은 없으면서 일단 근사한 식기류부터 사 모으는 것과 같다. 아무리 예쁜 그릇에 담아낸들 간도 안 맞는 이상한 요리가 나온다는 소문이 퍼지면, 아무도 당신의 식탁에 초대받으려 하지 않을 것이다.

초대한 사람의 취향을 고려하지 않고(who), 어떤 메뉴를 내놓을지 생각하지 않고(what), 그 메뉴를 어떻게 플레이팅할지 헤아리지 않는다면(how), 실패는 당연한 결과다. 반대로 손님의 마음을 제대로 꿰뚫은 메뉴를 내놓는 맛집은 평범한 흰 접시만 써도 손님이 줄을 선다. 감각에 의존하지 않고 분석적으로 접근할 때, 비로소 우리가 원하던 '진짜 돈이 되는' 카피가 탄생한다.

카피라이터는
형식이 아니라
본질을 훔치는 설계자다

+ **표현의 방법보다 중요한 브랜드의 본질**

2024년 5월, 명품 브랜드 '에르메스'가 한국 진출 27년 만에 처음으로 대규모 팝업 전시를 열었다. 잠실 롯데월드타워 잔디광장에서 열린 이 전시 이름은 '에르메스 인 더 메이킹Herm s in the Making'이었다. 공식 홈페이지에 올라온 소개 문구는 이랬다.

오랜 시간 동안 사랑받으며 수선을 거쳐

대를 이어 전해질 수 있도록 디자인된

에르메스 오브제의 제작 과정을 살펴보세요.

화려한 수식어도, 자극적인 후킹도, 클릭을 유도하는 문장도 없었다. 그저 담백하게 '우리 물건 만드는 과정 보러 오세요'라고 말할 뿐이다. 그런데 사람들이 몰려들었다. 사전 예약은 순식간에 마감됐고, 현장에는 200명씩 동시 입장이 가능한 규모임에도 대기 줄이 끊이지 않았다. 왜 이런 밋밋한 문구에 사람들이 몰린 걸까?

답은 간단하다. 우리는 이미 이 브랜드가 수십 년간 쌓아온 이미지 안에서 살고 있기 때문이다. 버킨백을 사려면 몇 년을 기다려야 한다는 이야기, 장인 한 명이 가방 하나를 처음부터 끝까지 만든다는 이야기, 그리고 그 가방 하나가 외제차 한 대보다 비싸다는 이야기 등등. 우리는 에르메스의 광고 문구를 읽기 전에 이미 에르메스가 무엇인지 알고 있다. 그래서 "제작 과정을 살펴보세요"라는 한 문장만으로도 충분한 것이다.

누구든 이런 카피만으로 사람들의 눈길과 발길을 붙잡고 싶지 않을까. 하지만 냉정해지자. 우리는 에르메스가 아니다. 브랜드 이름만으로 사람들이 모이는 경지에 오르기 전까지, 우리는 짧은 카피 한 줄로 클릭을 부르고, 100줄이 넘는 카피 뭉치를 조합한 상세 페이지로 결제를 이끌어내야 한다. 에르메스처럼 담백하게 쓰면 그냥 무시당하지도 못한다. 무시당하려면 일단 눈에 띄어야 하는데, 눈에 띄지도 않으니까. 그런데 때로는 눈에 띄고 싶다는 조급함이 잘못된 선택을 부른다.

"이 대리, 우리도 배달의민족처럼 뭔가 통통 튀는 거 하나 써보지. '우리가 어떤 민족입니까' 같은 거!"

대한민국 마케터라면 누구나 한 번쯤 이런 주문을 받아봤을 것이다. (불운한 마케터라면 어쩌면 오늘도…) 이용 여부를 떠나서 배민의 카피는 확실히 독보적인 무언가가 있다. 어설프게 따라 하면 죽도 밥도 안 된다는 걸 본능적으로 알면서도 감히 따라 하고 싶어지는 무언가가 말이다.

이때 '까짓것 한번 해보지 뭐' 하는 생각으로 키보드를 두드리기 시작하면 죽도 밥도 못 먹는 야근 좀비가 될 뿐이다. 내가 따라 하고 싶다고 느꼈던 게 배민 특유의 말투인 건지, 그 말투로 전하는 '배민의 본질'인지 판단하지 않았기 때문이다.

이걸 헷갈리면 큰일 난다. 배민의 톡톡 튀는 말투는 '형식'일 뿐이다. 그 형식 안에 담긴 '음식 배달? 우리가 편하게 해줄게'라는 메시지가 바로 '본질'이다. 편하게 해주는 과정에서 설계된 앱은 톡톡 튀는 형식에 맞추어 재미있는 디자인으로 시각화가 되었다. 본질이 '선행'하고, 우리가 경험하는 배민의 모든 것이 '후행'한 것이다. 그런데 본질을 빼고 결과물인 말투만 따라 하면 어떻게 될까?

비싼 메뉴는 39,900원이나 하는 프리미엄 도시락 브랜드 '본도시락'을 생각해보자. 김 부장님이 통통 튀는 거 하나 써보라고 했다 한들, 이렇게 쓸 순 없다. "아아, 불고기 정식 하나 없는 야근이란 얼마나 괴로운가!" 야근이 괴로운 건 인정하지만 저렇게 말하는 브랜드에 39,900원을 쓰고 싶은 고객은 없다. 그 대신 본도시락은 이렇게 말한다.

우리 땅에서 나고 자란

미호쌀과 흑미로 정성껏 밥을 짓고,

한식의 기본인 온기를 담아

밥상에 빠질 수 없는 따뜻한 국을 끓이며,

건강한 재료를 다듬고 재우고 조리하여

매일 먹어도 새롭고 다양한 균형 맞춘 찬을 만듭니다.

교과서처럼 정직한 단어들이다. 통통 튀는 높낮이도 없다. 그런데 이 문장을 읽는 순간, 만 원이 훌쩍 넘는 도시락 가격이 이해되기 시작한다. '정성', '온기', '건강', '균형'. 배민에서는 찾아볼 수 없는 본도시락의 본질이다. 이 본질 위에 배민 스타일의 말투를 얹으면 '투뿔 한우 등심'으로 라면을 끓이는 꼴이 된다. (물론 배민이 라면이란 건 아니다.)

+ **손가락이 아니라 달을 봐야 한다**

멋진 카피를 발견했을 때, 우리는 무의식적으로 그 카피의 '형식'에

매료된다. 말투가 재밌네, 리듬감이 좋네, 이 단어 선택 센스 있네. 그래서 그 형식을 따라 쓴다. 그런데 막상 우리 제품에 적용하면 뭔가 어색해지곤 한다. 우리가 진짜 끌렸던 건 형식이 아니라 그 안에 담긴 본질이었기 때문이다. 그런데 본질은 가져오지 않고 형식만 가져왔으니, 영혼 없는 카피가 되는 것이다.

손가락이 달을 가리키고 있을 때, 우리가 봐야 하는 건 손가락이 아니라 달이다. 벤치마킹하고 싶은 경쟁사의 멋진 카피가 있다면, 과연 무엇에 끌렸던 것인지 정확하게 파악해야 한다. 표현의 방식이었는가, 아니면 그 표현이 관통하고 있는 브랜드의 정체성이었는가?

여기서 중요한 질문이 나온다. 그렇다면 '본질'은 어떻게 파악하는가? 정답은 간단하면서도 어렵다. 브랜드를 사랑하는 수밖에 없다. 카피라이터는 브랜드의 창업자보다 더, 제품의 개발자보다 더, 본질을 잘 알고 사랑해야 한다. 창업자는 브랜드를 '만든' 사람이고, 개발자는 제품을 '설계한' 사람이라면, 카피라이터는 그 브랜드와 제품을 고객에게 '전달하는' 사람이다. 전달하려면 내가 무엇을 전달해야 할지 정확하게 알아야 한다. 그래야만 어떤 상황에서든, 어떤 매체에서든, 어떤 길이의 카피에서든 일관된 메시지를 선보일 수 있다. 같은 투뿔 한우라도 아이의 식탁 위에는 잘게 다져서 소고기죽으로, 수험생을 위해서는 든든하게 구이로, 부모님 생신상에는 갈비찜으로 올리는 것처럼.

정작 창업자는 브랜드에 대한 애정이 너무 깊어서 오히려 객관적으로 보지 못할 때가 있다. (겪어보셔서 잘 아시죠?) 개발자는 기능과 스펙에 매몰되어 고객의 언어를 잊을 때가 있다. (지금 떠오르는 얼굴 있죠?) 카피라이터는 그 사이에서 브랜드의 본질을 고객의 언어로 번역하는 사람이다. 그래서 본질을 모르면 번역 자체가 불가능하다.

+ 본질도 결국 조합이다

그런데 본질이라고 해서 하늘에서 뚝 떨어지는 게 아니다. 창업자나 대표님께 물어봤자 '정성, 기본, 신뢰, 재미, 프리미엄, 접근성, 전문성, 따뜻함'같이 뻔하디뻔한 일장연설만 늘어놓을 뿐이다.

칠교놀이를 떠올려보자. 칠교는 정사각형 하나를 일곱 조각으로 나눈 퍼즐이다. 그런데 이 일곱 조각으로 만들 수 있는 모양은? 수학자들에 따르면 '셀 수 없을' 정도로 많다. 집, 고양이, 사람, 배, 새, 물고기, 로켓… 같은 조각들을 어떻게 배치하느냐에 따라 완전히 다른 형상이 나온다.

브랜드의 본질도 마찬가지다. 세상에 존재하는 가치는 이미 정해져 있다. 완전히 새로운 가치를 발명하는 건 예나 지금이나 불가능하다. 하지만 그 가치들을 어떻게 조합하느냐, 어떤 순서로 강조하느냐, 어떤 맥락에서 드러내느냐에 따라 완전히 다른 브랜드가 탄생한다. 배민은 '재미'와 '빠름'을 조합했다. 본도시락은 '정성'과

'기본'을 조합했다. 에르메스는 '장인 정신'과 '시간', 그리고 '무지막지한 희소성'을 조합했다. 조각은 비슷해도 조합이 다르니 전혀 다른 그림이 나오는 것이다.

카피라이터의 일은 '칠교놀이'와 같다. 우리 브랜드가 가진 조각들이 무엇인지 파악하고, 그걸 어떻게 배치해야 고객의 마음에 닿을 그림이 되는지 고민하는 것. 새로운 조각을 만들어내는 게 아니라, 이미 있는 조각들을 가장 효과적으로 조합하는 것. 그것이 바로 카피라이팅 설계의 본질이다.

+ **이 책에는 Who와 What이 있다**

이 책에는 카피 쓰는 기술(How)뿐만 아니라, 브랜드의 본질을 파악하는 방법도 함께 담았다. 바로 Who와 What이다. Who는 '누구에게 팔 것인가'다. 우리 제품을 가장 간절하게 원할 사람이 누구인지, 그 사람의 하루는 어떤지, 무엇 때문에 잠을 못 이루는지를 파악하는 것이다. What은 '무엇을 팔 것인가'다. 제품의 기능이 아니라, 그 기능이 고객에게 주는 변화가 무엇인지를 찾아내는 것이다. Who와 What이 명확해지면 그때부터 카피는 '나오게' 되어 있다. 기교를 부리지 않아도, 형식을 빌려오지 않아도, 우리 브랜드만의 언어가 자연스럽게 흘러나온다. 고객이 누구이고, 우리에게 무엇을 바라는지 알게 되기 때문이다.

일단 조각을 파악하면, 같은 조각을 가지고도 무궁무진하게 다양한 모양을 만들 수 있음을 기억하라. 우리 또한 형식이 아니라 본질을 훔쳐 오면, 같은 조각이더라도 우리 브랜드만의 이야기를 무궁무진하게 풀어낼 수 있다.

지갑을 여는
진짜 사람을
찾아내는 법

수요는 반드시 있어. 한정된 것이 아니라구.
경기는 항상 좋은 것이야.
서브프라임이라서, 불경기라서……
이런 것은 다 핑계야.
그래서 탓하지 말고 계속 분발하고 공부해야 해.

모두를 위한 카피는
누구의 지갑도
열지 못한다

+ **길거리 전단지에도 주인은 따로 있다**

가끔 외식을 하러 남편과 집을 나선다. 유동 인구가 많은 지하철역 근처에서는 요즘도 전단지를 돌리는 분들을 흔히 마주친다. 하지만 대부분의 전단지는 '우리 가게를 위해 뭐라도 했다'는 안타까운 자기위안에 그칠 뿐, 제대로 된 효과를 보지 못할 가능성이 크다. 달콤한 빙수 가게 전단지는 여자친구 없이 홀로 사는 20대 남성에겐 그저 처치 곤란한 종이 쪼가리일 뿐이다. 50대 여성에게 돈가스 가게 전단지를 건네도 '그러고 보니 요즘 튀긴 게 소화가 안 되는데 병원이라도 가봐야 하나?' 하는 생각을 불러일으키며 동네 의사 배만 불려주는 꼴이 될 수 있다.

누군가에게 읽히기 위해 쓰이는 카피도 마찬가지다. 읽어줄 사람이 명확하지 않으면? 쓰는 사람 혼자만 뿌듯하고 매출은 슬프다. 모든 카피는 분명한 목적을 가지고 쓰인다.

1. 제품이나 서비스를 당장 '결제'하게 만들든
2. 나중에 팔기 위해 미리 '호기심'을 자극하든
3. 하다못해 브랜드의 존재를 머릿속에 인지시키든

어떤 목적이든, 그 목적을 가장 빠르게 달성해줄 사람을 찾아내는 게 우선이다.

+ 목적을 빠르게 달성해줄 고객은 누구인가

왜 하필 '목적을 가장 빠르게 달성해줄' 같은 단서 조항을 붙인 걸까? 이를 설명하기 위해 내가 자주 드는 비유가 있다. 푹 끓인 청국장을 팔아야 한다면, 10명의 대한민국 할머님과 1,000명의 이탈리아 청소년 중 누구에게 팔 것인가? 어이없다는 표정으로 전자를 골라놓고는, 정작 자신의 제품이나 서비스에 적용할 땐 대한민국 할머님부터 이탈리아 청소년들까지 모두를 만족시킬 한 줄의 카피를 찾아다니는 분들을 정말 많이 봤다. 단언컨대, 세상에 그런 카피는 없다. 우리가 아는 국민 카피들 또한, 사실 모두를 만족시키는 것은 아니다.

[Case Study] 국민 카피라도 한계는 있다	
국민 카피	**타깃의 한계**
우리가 어떤 민족입니까	80대 할아버지는 손녀가 깔아주지 않는 한, 배달 앱을 접할 일이 없다.
야, 너두?	새해 목표가 '바디프로필 촬영'인 사람의 결제를 이끌어내긴 어렵다.
진심이 짓는다	건설사의 진심에 감동한 고등학생이 아파트 등기를 칠 확률은 제로다.

아무리 현란한 문구로 표현한들, 이탈리아 청소년들에게 청국장을 팔긴 쉽지 않다. 서툰 발음으로 '청국장'을 읽을 수는 있어도 지갑을 열 확률은… 글쎄, 제로에 가깝겠지. 거기에 쏟아부을 시간과 돈과 노력이라면 대한민국 할머님 전체에게 팔고도 남지 않을까? 게다가 할머님들은 한번 마음에 든 제품이나 서비스는 반복해서 구매하고, 동네 경로당에 화끈하게 입소문까지 내주시니, 청국장 매출을 올리는 데 이만큼 효율적인 고객은 또 없을 것이다.

화려한 카피를 공들여 써도 읽는 사람이 잘못 설정되면 모든 게 수포로 돌아간다. 본격적으로 카피라이팅 공식을 살펴보기 전, 읽는 사람을 제대로 찾아내는 방법부터 시작하는 이유다.

과녁을 좁힐수록
매출은 커진다

+ **고객이라는 과녁을 좁히는 일**

타깃(target)

[명사] 목표, 목표로 하는 대상

다트 게임을 할 때, 당신이 프로 선수가 아니라면 처음부터 정중앙(불스아이)을 노리고 던지지는 않는다. 일단 과녁 아무 데라도 꽂히길 바라는 마음으로 던지기 마련이다. 이때의 과녁을 '타깃'으로 이해하면 쉽다. 다트 핀이 기계 바깥으로 빠져나가지 않도록 내가 노려야 할 최소한의 영역을 확정하는 것이 과녁이라면, 카피를 쓸 때 타깃은 내가 쓴 카피를 읽어줄 사람들을 현실적으로 추려낸 '유효 집단'이 된다.

먼저 나와 17년을 함께하고 강아지 별로 돌아간 내 강아지 하이디를 떠올리며, '노즈워크'를 예시로 들어보자. 노즈워크는 간식을 숨겨둘 수 있는 장난감으로 보통 강아지들이 가지고 논다. 그렇다면 일단 고양이를 키우는 집사님들은 타깃이 될 수 없다. 물고기나 이구아나, 달팽이, 앵무새를 키우는 반려인도 마찬가지다. 이때 '강아지를 키우는 반려인'이 우리가 공략해야 할 최소한의 영역, 즉 광범위한 '1차 타깃'이 된다.

이제 노즈워크의 난이도에 따라 강아지 반려인 집단을 더 좁혀보자. '난이도가 쉬운 노즈워크를 찾는' 이유에 따라 타깃을 더 세분화할 수도 있다. 어떤 반려인은 이제 막 노즈워크를 배우기 시작한 어린 강아지를 위해 입문용 노즈워크를 검색했겠지만, 또 어떤 반려인은 예전 같지 않은 체력 때문에 오래 놀지 못하는 노견에게 맞춰 금방 놀고 끝낼 수 있는 맞춤형 노즈워크가 필요할 수도 있다.

[Case Study] 노즈워크의 타깃 세분화 단계		
타깃별	**타깃 설명**	**목표**
1차 타깃	강아지를 키우는 반려인	전체 과녁
2차 타깃	난이도가 쉬운 노즈워크를 찾는 반려인	유효 집단
3차 타깃	체력이 약해진 노견을 위해 쉬운 노즈워크를 찾는 반려인	불스아이

이렇게 3차까지 타깃을 세분화하는 이유는 무엇일까? 바로 타깃에 따라 '무엇을(what)' 강조하고 '어떻게(how)' 말할지가 완전히 달라지기 때문이다.

이 노즈워크가 강아지들이 가장 쉽게 알아보는 색깔인 노란색과 파란색으로 만들어졌다고 가정해보자. 타깃에 따라 카피는 다음과 같이 설계된다.

[Case Study] 타깃에 따라 달라지는 카피

구분	타깃 A (초보견 반려인)	타깃 B (노견 반려인)
누구에게 (who)	어린 강아지의 입문용 제품을 찾는 반려인	노안으로 시력이 약해진 노견의 놀잇감을 찾는 반려인
무엇을 (what)	노란색과 파란색으로 구성된 색 조합	색 대비를 통한 높은 시인성
어떻게 (how)	"첫 시작은 실패 없어야 하니까." 입문용 노즈워크라면 노랑과 파랑 조합인지 꼭 확인하세요.	"눈이 침침해진 우리 아이도 단숨에 알아봅니다." 노견 전문 브랜드의 다정한 설계.

어린 강아지를 키우는 이들에게는 '실패 없는 입문'이라는 키

워드로 적합성을 알릴 수 있지만, 노견을 위해 제품을 팔고자 한다면 '입문용' 같은 단어를 쓸 이유는 없다. 장난감 놀이에서 은퇴를 고민할 나이일 테니, 오히려 '떨어진 인지 능력을 보조해주는 배려'라는 관점의 표현이 더 적합하다.

이처럼 제품은 그대로인데 어떤 타깃을 설정하느냐에 따라, 같은 특징(what)이라도 카피의 표현 방식(how)은 180도 달라진다. '강아지를 위한 노즈워크'라는 뭉뚱그린 말은 누구나 할 수 있지만, '노견이 알아보기 쉬운 색 조합'을 내세우는 건 오직 타깃을 좁힌 사람만이 할 수 있는 날카로운 제안이다. 그리고 그럴 때 더 효율적으로 매출이란 목적을 달성할 수 있다.

그렇다면 '노견을 키우는 친구에게 선물을 하려는 사람'은 타깃이 될 수 있을까? 이론적으로는 가능하지만 실무 관점에서는 과감히 타깃에서 제외하는 편이 낫다. 타깃은 기본적으로 우리 목적을 가장 효율적으로 달성시켜줄 '핵심 고객'이어야 하기 때문이다.

반려인 친구의 선물용으로 노즈워크를 염두에 두는 인구는 상대적으로 적다. 청국장을 이탈리아 청소년에게 팔아야 하는 상황인 셈이다. 여기에 쓸 시간과 돈과 노력이라면, 차라리 노견을 키우는 반려인들에게 투자하는 게 훨씬 효율적이다. 우리의 에너지는 한정되어 있고, 카피는 그 에너지를 가장 확실한 곳에 쏟아붓는 정밀한 무기여야 한다.

단 한 사람의
페르소나를 조준하라

+ **고객을 대표하는 단 한 사람, 페르소나**

이 책에서 다루는 카피의 궁극적인 목적은 세일즈, 즉 고객의 지갑을 열게 하는 것이다. 앞서 우리는 내 제품이나 서비스를 사줄 사람들의 집단을 '타깃'이라고 정의했다. 하지만 막연한 타깃만으로는 고객의 결제 버튼을 이끌어내는 데 한계가 있다. 그래서 우리는 타깃을 대표하는 단 한 명의 구체적인 실체인 '페르소나'를 조준해야 한다.

[Case Study] 노즈워크의 페르소나 도출 과정

상황 설정	체력이 약해진 노견과 함께하는 반려인이라면(3차 타깃) 1인 가구일 확률보다 다인 가구, 특히 가족 단위일 확률이 높다.
	왜? 노견은 언제 어떤 일이 벌어질지 모르기 때문에 누군가 곁에서 늘 지켜봐야 하기 때문이다.

⬇

구매자 압축	가족 모두가 노견을 정성껏 돌본다 해도, 용품을 알아보고 최종 결제하는 사람은 한 명으로 집중된다.
	왜? 반려동물 물품은 보통 가족 중 가장 세심한 사람이 공동 생활비나 본인 카드로 지출할 가능성이 크기 때문이다.

⬇

인물 특정	그 한 명은 무뚝뚝한 아빠보다는 엄마, 남동생보다는 누나일 확률이 높다.
	왜? 누나가 유튜브나 SNS를 통해 노견 케어 정보를 가장 활발하게 접하기 때문이다.

⬇

최종 도출	노견과 함께한 세월을 고려하면 나이는 적어도 20대 후반 이상일 것이다.
	왜? 노견이라면 최소 10년은 함께했을 테고, 동생 같은 아이를 위해 기꺼이 지갑을 열 경제력을 갖춰야 하기 때문이다.

페르소나(persona)

[명사] 다른 사람들의 눈에 비치는 한 개인의 모습. 마케팅에서는 내 제품을 살 '가장 이상적인 단 한 명의 고객'을 뜻한다.

'체력이 약해진 노견을 위해 난이도가 쉬운 노즈워크를 찾는 반려인' 정도라면 제법 구체적인 것 같은데, 왜 굳이 페르소나까지 만들어야 할까? 살아 있는 페르소나를 정밀 조준해 쓴 카피는 그렇지 않은 카피보다 압도적으로 빠르고 효율적으로 목적을 달성하기 때문이다. 노즈워크 사례로 다시 돌아가보자. 타깃을 구체화하는 과정을 통해 그냥 노즈워크가 아니라 '노견을 위한 노즈워크'를 판매하는 우리는 이런 페르소나를 도출할 수 있다.

[Case Study] 노즈워크의 타깃 vs 페르소나		
구분	**타깃**	**페르소나**
정의	노견을 위해 쉬운 노즈워크를 찾는 반려인.	12살 된 강아지가 부쩍 잠만 자는 게 안쓰러운 29살 직장인 홍희 씨.
태도	제품의 특징이 맞으면 구매 고려.	"이왕 사주는 거 최고로 사주자." 가격이 비싸도 아이가 좋아한다면 결제할 의사 200%.
특징	노견에게 적합한 제품 탐색.	강아지가 적록색맹인 걸 이미 알고 있음. 쿠팡 3초 검색보다는 유튜브와 블로그를 싹 다 뒤져서라도 제대로 된 물건을 골라내는 집요함이 있음.

페르소나가 명확해진다면 우리가 쓸 기막힌 카피들도 더 명확한 모습을 띤다. 구체적인 카피는 읽는 사람의 마음을 흔들기 때문에 매출이란 목적을 훨씬 효율적으로 달성할 수 있다.

[Case Study] 누구에게, 무엇을, 어떻게 팔 것인가		
누구에게 (Who)	타깃	페르소나
	노견을 위해 쉬운 노즈워크를 찾는 반려인.	12살 된 강아지가 부쩍 잠만 자는 게 안쓰러운 29살 직장인 홍희 씨.
무엇을 (What)	노랑·파랑 색 조합.	노견 동생을 향한 진심.
어떻게 (How)	눈이 침침해진 노견들도 단숨에 알아보도록 설계했습니다. 노견 전문 브랜드니까요.	**나보다 나이가 많아진 내 동생에게 남은 시간은 짧으니까, 처음부터 제대로.**

　　반려견을 위해 이런저런 정보를 탐색하는 '읽는 사람' 홍희 씨라면 강아지들이 적록색맹이란 걸 모를 리 없다. 그러니 '쓰는 사람'인 우리는 이 사실을 굳이 카피에 녹여낼 필요가 없다. 고객이 기대할 변화인 '그래서 노견도 재미있게 가지고 노는지'를 바로 표현하는 편이 훨씬 빠르게 고객의 지갑을 연다. 또 '나보다 먼저 늙어버린 동생'이라는 감성적인 맥락을 건드리고, '후회 없는 선물'이라는 가치를 제안할 때 고객의 지갑은 훨씬 빠르게 열린다.

이처럼 타깃을 대표할 페르소나를 구체적으로 정할수록 (Who), 우리는 꼭 말해야 할 것과 말하지 않아도 되는 것을 구분할 수 있으며(What), 이를 더 맞춤형으로 표현할 수 있다(How). 과녁의 정중앙, 페르소나를 명중시킬 때만이 매출이란 점수는 수직으로 상승한다.

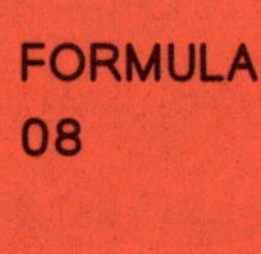

24시간 말고
지갑이 열리는
1초를 노려라

+ **제품은 세상을 바꿀 수 없다**

"도대체 왜 학교를 안 가고 빈둥거리고 있느냐? 제발 철 좀 들어라."

"왜 그렇게 버릇이 없느냐? 너의 선생님에게 존경심을 표하고 항상 인사를 드려라."

"왜 수업이 끝나면 집으로 오지 않고 밖을 배회하느냐? 수업이 끝나면 집으로 오너라."

미국의 고고학자 새뮤얼 크레이머가 번역한 수메르 시대의 '부적절한 아들을 꾸짖는 한 필경사' 이야기다. 무려 3,700년 전에도 아버지는 아들의 행동거지를 바꿀 수 없었다. 그러니 우리도 쿨하게 인정해야 한다. 내가 목숨보다 소중히 여기는 제품이나 서비스가 고객의 인생 전체나 세상을 통째로 바꿀 수는 없다는 사실을 말이다.

하지만 걱정하지 마라. 우리는 페르소나의 '1초'를 바꿀 수 있다. 여기서 1초는 페르소나가 내 제품·서비스를 경험하며 '사길 잘했다!'라고 느끼는 찰나의 순간이다. 24시간은커녕 1시간도 아니라서 실망했는가? 하지만 파는 사람이 아니라 고객이 되어 생각해보면 당장 우리부터가 그렇다.

아이폰을 사길 잘했다고 가장 크게 느끼는 때? 애플 스토어 직원들의 박수를 받으며 애플 쇼핑백을 건네받는 그 1초. 새 백팩 사길 참 잘했다며 행복이 절정에 달했을 때? 택배 상자를 뜯자마자 잠옷 위에 백팩을 매보는 그 1초. 러닝화도 마찬가지다. 비싼 돈 들인 보람을 느끼는 건 첫 열 걸음을 뗄 때뿐, 달리다 보면 내가 새 신을 신었는지 헌 신을 신었는지도 금세 잊고 어서 집에 가고 싶단 열망에 지배당하지 않는가.

내 제품이 고객의 24시간을 책임지지 못한다는 걸 인정하는 순간, 우리는 비로소 거창하고 흐리멍덩하고 둔한, 누구나 내뱉는 흔한 '가짜 카피'에서 벗어날 수 있다. 파는 사람조차 믿지 않는 "이거 바르면 연예인 피부 된다"라는 뻔한 카피를 쓰는 대신에 "기미가 사라지니 미용실 거울 앞에서도 당당해요"라고 쓸 수 있다. "온 가족 누구나 호불호 없는 반찬"을 약속하는 대신에 "이거랑 파래

김, 국만 내줘도 애들이 잘 먹어요"라며 페르소나가 내 제품을 구매하며 기대하는 변화를 생생하게 그리게 된다. 아무 감흥을 주지 못하는 "어느 옷에나 잘 어울리는 데일리 티셔츠" 같은 말보다는 "늦잠 잔 날 망설임 없이 집어 드는 티셔츠"라고 살아 움직이는 카피를 쓰게 된다.

[Case Study] 페르소나의 '1초'를 바꾸는 카피 도출 과정		
제품	기능성 화장품	
누구에게 (Who)	타깃	기미가 신경 쓰이는 4050 여성.
	페르소나	화장품에 많이 속아봐서 솔직히 20대 피부로 돌아가는 건 바라지도 않고, 그냥 광대 부근의 큰 기미 몇 개라도 연해지면 더할 나위 없을 것 같은 53세 홍희 씨. 피부과 시술보다 화장품이 싸기 때문에, 좀 비싸다고 느껴져도 효과가 확실하면 구매 의사가 있음.
무엇을 (What)	1초	민낯으로 조명이 밝은 곳에 가면 유독 기미 몇 개가 잘 보여서 신경 쓰이는 1초.
	그래서	주름부터 기미, 미백까지 싹 다 해결하는 '만병통치약+'처럼 내세우지 않음.
어떻게 (How)		유독 기미가 잘 보이는 순간을 '미용실 거울 앞'으로 표현함.

↓

카피	기미가 사라지니 미용실 거울 앞에서도 당당해요.

+ 만병통치약: 화장품법에 따라 의약품으로 오인될 수 있는 표현은 비유적이라 할지라도 사용할 수 없다. 단순 사례 설명을 위한 예시다.

제품	밑반찬	
누구에게 (Who)	타깃	자녀들의 삼시세끼를 직접 준비하는 30대.
	페르소나	아내와 육아휴직을 교대하고, 연년생 두 남매의 식사를 꾸리는 38살 준수 씨. 골고루 잘 먹이는 것도 중요하지만 한창 밥투정을 할 때라, 일단 남기지 않고 먹기라도 하면 바랄 게 없겠음.
무엇을 (What)	1초	아무리 많은 반찬을 차려도 식사를 거부하고 떼쓰는 아이들을 보며 울고 싶던 1초.
	그래서	아이들이 잘 먹는 데다 영양소도 풍부하고 조리도 간편하고 설거지까지 쉽다는 둥 부모들이 원하는 모든 것을 동시에 말하지 않음.
어떻게 (How)		반찬을 많이 차려도 소용없던 순간을 표현함.

↓

카피	이거랑 파래김, 국만 내줘도 애들이 잘 먹어요.

제품	베이직 티셔츠	
누구에게 (Who)	타깃	출근할 때에도 입고 주말 데이트에도 입을 기본 티셔츠를 찾는 20대 남성.
	페르소나	출근할 때는 단정하게, 주말 데이트에서는 힙하게 입는 29살 준수 씨. 단정한 슬랙스와 통 넓은 청바지에도 입으려면 기본 흰 티가 중요한데 소재가 마음에 들면 핏이 별로고 핏이 괜찮으면 길이가 짧은 등 여러 이유로 여전히 베이직 티셔츠 유목민 생활을 하고 있음.
무엇을 (What)	1초	'오늘 뭐 입지?' 깊게 고민할 수 없는 특정한 하루.
	그래서	365일 내내 입는다는 점보다, 코디 조합을 고려할 수 없는 순간에도 망설임 없이 입을 수 있을 만큼 잘 만들어진 티셔츠라는 점만 강조함.

어떻게 (How)	코디 고민할 여유가 없던 순간을 표현함.

↓

카피	늦잠 잔 날, 망설임 없이 집어 드는 티셔츠.

+ **하나만 약속해도 충분하다**

두루뭉술한 24시간이 아니라 확실한 변화를 체감할 1초를 원하는 페르소나들에게, 그렇다면 어떤 변화를 제시해야 할까? 세상의 모든 제품과 서비스가 약속하는 변화는 결국 세 가지로 수렴된다.

> 첫째, 페르소나의 돈을 아껴주거나(Cost)
>
> 둘째, 페르소나의 시간을 아껴주거나(Time)
>
> 셋째, 페르소나에게 환상을 심어주거나(Fantasy)

하지만 위의 세 가지 변화 중 하나만 해당하는 제품·서비스는 드물다. 오히려 하나의 제품·서비스가 여러 변화를 약속할 때가 더 많은 듯하다. 앞서 살펴본 사례들만 해도 그렇다.

[Case Study] 무엇을 약속할 것인가	
카피	**약속하는 변화**
기미가 사라지니 미용실 거울 앞에서도 당당해요	피부과 시술에 쓸 **돈**을 아껴줌
	피부가 좋아진다는 **환상**을 심어줌
이거랑 파래김, 국만 내줘도 애들이 잘 먹어요	이런저런 반찬을 차리는 **돈**을 아껴줌
	반찬을 차리는 **시간**을 아껴줌
늦잠 잔 날 망설임 없이 집어 드는 티셔츠	옷을 고르는 **시간**을 아껴줌

여기서 주의할 점이 있다. 우리는 욕심을 버려야 한다. 돈과 시간을 모두 아껴주면서 환상까지 채워주는 '지니의 요술 램프' 같은 제품은 현실에 거의 없다. 고객들은 이미 수만 번의 쇼핑 경험을 통해 그런 완벽한 광고는 '거짓말'이라는 걸 본능적으로 알고 있다.

때로는 가장 확실한 한 가지에 집중하는 것이 더 강력한 성과를 낸다. 흰 티셔츠를 팔며 '성수동 힙스터가 된다'는 황당한 환상을 심어주는 대신, '옷 고르는 시간을 아껴준다'는 실질적인 변화한 가지에 집중했듯이 말이다.

돈을 아껴주거나 시간을 아껴주는 건 비교적 명확하다. 누구나 구김이 가지 않는 링클 프리 셔츠를 장바구니에 담아봤고, 전자레인지에 데우기만 하면 뚝딱 완성된다는 단백질 볶음밥 광고를 본 적 있으니까. '환상'은 조금 막연하게 느껴질 수 있다. 하지만 단언컨대, 우리의 모든 소비는 미디어가 설계한 환상 위에 세워진다.

퇴근 후 마시는 맥주 한잔을 떠올려보자. 우리는 개운하게 씻고 편안한 후드티를 입은 채 TV 앞에서 캔을 따는 '조금은 지쳤지만 소박한 도시 생활자'라는 작은 환상을 구매하는 것이다. 실제로는 야근에 찌들어 면도도 못 한 채 마시는 맥주가 현실일지라도, 맥주 회사는 절대 그런 현실을 광고하지 않는다.

책상 위에 놓이는 작은 타이머 광고는 학업에 집중해 시간 가는 줄 모르고 공부하는 환상을, 크리스마스 케이크 광고는 크리스마스이브를 헛되이 보내지 않았다는 환상을, 매년 5월이면 눈에 띄는 각종 건강식품 광고들은 날씬해져서 입고 싶은 휴양지 룩을 입을 수 있다는 환상을, 비슷한 건강식품들이라도 가을바람이 불어오는 추석 즈음의 광고들은 '나 정도면 불효는 아니다'란 환상을 먹고 산다. 누가 봐도 시간을 아껴주는 밀키트들에도, 한층 깊게 파고들면 '혼자 살지만 대충 챙겨 먹지 않는 기특한 나'란 환상이 숨어 있다.

+ 타이머: '열공하는 나'라는 환상

+ 크리스마스 케이크: '낭만적인 하루를 보낸 나'라는 환상

+ 추석 건강식품: '나 정도면 불효자는 아니다'라는 안도 섞인 환상

+ 밀키트: '혼자 살지만 대충 챙겨 먹지 않는 기특한 나'라는 환상

내 제품이 돈이나 시간을 획기적으로 아껴주지 못한다면, 그 아래 숨은 고객의 환상을 찾아보자. 그리고 그 환상을 현실로 만들어줄 결정적 1초를 찾아내어 달콤하게 꾀어보자. 공식에 기대어 써 내려가다 보면, 너무 쉬워서 기절할지도 모른다.

4가지 환상을 이용해 페르소나의 마음을 열어라

+ 제1환상: 예쁘고 잘생기고 싶다

외모를 가꾸고 싶다는 욕망은 인류가 존재한 이래 가장 오래된 '클래식한' 환상이다. 고대 이집트의 클레오파트라가 당나귀 젖으로 목욕을 했다는 이야기, 중국의 양귀비가 온천수에 장미 꽃잎을 띄워 목욕했다는 전설, 조선시대 양반 여성들이 얼굴에 꿀을 바르고 잤다는 기록까지. 외모를 가꾸는 데 돈과 시간을 쏟는 건 결코 현대인만의 것이 아니었다. 다만 과거에는 왕족이나 귀족이나 양반만이 누렸던 특권을 이제는 누구나 올리브영에서 마스크팩 하나 사면서 손쉽게 누릴 수 있게 되었을 뿐이다.

‘예쁘고 잘생기고 싶다’는 환상이 강력한 이유는 단순하다. 매우 가시적이기 때문이다. 거울을 보면 즉각 안다. 그래서 우리는 “이 크림 바르면 모공이 사라진다”는 말에, “이 바지 입으면 5kg 빠져 보인다”는 말에, “이 신발 하나면 3cm는 커 보인다”는 말에 쉽게 홀린다. 당장 내일 아침, 아니 바르고 입고 신는 순간 바로 확인할 수 있기 때문이다.

외모가 중요한 이유는 거울 앞에 선 나 자신의 만족에서 그치지 않기 때문이다. 인간은 사회적 동물이다. 혼자 사는 게 아니라 타인과 관계 맺으며 산다. 그 관계 속에서 나를 가장 빠르게 드러내는 방법이 바로 외모다. 말 한마디 나누기 전에, 이력서를 보여주기 전에, 심지어 통장 잔고를 밝히기 전(!)에, 외모는 이미 나를 설명한다. 첫인상 3초면 나와의 관계를 이어나갈지 말지가 참 잔인하게도 결정이 되고 만다.

특히 21세기는 ‘약하고 얕은 관계’가 성행하는 시대 아닌가. 회사 동료나 동창회에서 10년 만에 만난 친구까지 갈 것도 없이 인스타그램 팔로워만 해도 대표적인 현대식 관계이다. 깊이 알 필요 없고, 깊이 알고 싶지도 않은 관계들. 이런 관계에서는 내가 누구인지 천천히 시간을 들여 설명할 수도 없고, 그런 설명에 귀 기울여줄 여유도 없다. 그래서 외모가 더욱 중요해진다. ‘저 사람 괜찮은 사람이네’라고 3초 만에 각인시켜야 하니까. 외모를 가꾸는 데 쏟는 돈과 시간이 해마다 늘어나는 건 결코 우연이 아니다.

예쁘고 잘생기고 싶다는 환상은 크게 두 갈래로 팔린다.

첫째, 거울 앞 나 자신을 위한 카테고리. 화장품, 다이어트 식품, 홈트레이닝 기구처럼 혼자서도 확인할 수 있는 것들. "주의하세요, 달라진 피부에 거울만 보다 지각할 수 있어요"라거나 "XL에서 M으로 사이즈 줄었어요" 같은 카피가 여기 해당한다.

둘째, 타인의 시선을 위한 카테고리. 패션, 헤어, 액세서리처럼 밖으로 드러나는 것들. "코트 어디 거냐는 질문을 세 번이나 받았어요", "죄송한데, 향수 뭐 쓰세요?" 등이 여기에 해당한다.

하지만 여기에 해당하는 대부분의 제품·서비스들은 이 둘을 동시에 공략한다. 우리가 예쁘고 잘 생겨지고 싶은 건 자기만족과 타인의 인정을 전부 갈망하기 때문이니까. 헬스장 PT 상품이 바로 이 환상을 먹고사는 대표 상품이다. 3개월 PT 등록비가 백만 원이 넘는데도 매년 1월이면 헬스장마다 대기자 명단이 길어진다. 왜일까? 돈을 아껴주지도, 시간을 아껴주지도 않는다. 오히려 돈도 쓰고 시간도 쓴다. 심지어 죽도록 힘들기까지 하다. 하지만 '3개월 뒤 거울 앞에 선 탄탄한 내 몸'이라는 환상이 지갑을 열게 한다. 비록 그 환상이 작년에도 또 재작년에도 재재작년에도 현실이 되지 못하고 환상으로만 남았을지라도.

제2환상: 부자가 되고 싶다

나도 당신도 부자가 되고 싶어 한다. 이보다 더 솔직한 환상이 있을까? 우리는 이 환상을 부끄러워하는 동시에 가장 집요하게 좇는다. '경제적 자유'란 포장지로 감싸기도 하고, '재테크'라는 세련된 이름을 붙이기도 하지만 본질은 같다. 더 많은 돈을 벌어서 지금보다 잔고가 여유로운 삶을 살고 싶다는 것. (제발!)

이 환상이 막강한 이유는 '구체적 숫자'로 어필할 수 있기 때문이다. 이 책을 읽고 월급이 두 배로 뛰었다는 둥, 통장 잔고에 0이 너무 많아서 셀 수 없다는 둥, 20대에 포르쉐를 몰게 되었다는 둥 환상을 자극하는 숫자 몇 개만 가져오면 고객의 마음(그리고 우리의 마음)이 울렁거리지 않는가. 그래서 "이 강의 듣고 퇴사", "상위 1%가 극찬한 ○○○" 같은 카피에 우리는 계속 넘어간다. 부자가 된 나를 상상하는 것만으로도 기분이 좋으니까. 그냥 좋은 것도 아니고 겁나게.

각종 투자 강의가 대표적이다. "직장인도 월 1,000 버는 주식 투자법"이라는 제목의 온라인 강의는 300만 원이 넘어도 매진된다. 돈을 아껴주는가? 아니다. 오히려 누군가의 한 달 월급보다 큰 돈을 내야 한다. 시간을 아껴주는가? 아니다. 황금 같은 주말에 3시간씩 강의를 들어야 한다. 하지만 상관없다. '주식 천재가 되어 사표를 던진 나'라는 환상이면 충분하다. 강사가 "이 방법으로 3년 만에 5억 벌고 퇴사한 제 수강생입니다"라며 누군가를 소개하는 순간, 12개월 할부로 강의는 이미 결제되어 있다. 수강생이라고 나온 사람이 진짜 수강생인지 강사의 지인인지 따져볼 이성은, 부자가 되고 싶다는 감정에 밀려 사라진 지 오래다.

이 환상은 너무나도 강력해서 고객은 '부자처럼 보일 수만 있어도' 지갑을 연다. 스스로가 부자임을 증명하는 건 통장 잔고가 어느 정도 커질 때까지 기다려야 해서 시간이 오래 걸리지만, 부자처럼 보이는 내 모습에는 타인들의 시선이 즉각 따라붙기 때문이다. 신품 롤렉스는 수천만 원이 넘지만, 중고는 1,000만 원 선이다. 손목에 차는 순간 중고인데 백화점 1층에서 샀는지 당근에서 샀는지 누가 알겠는가. 중요한 건 비즈니스 미팅에서 와이셔츠 소매 끝에 슬쩍 보이는 롤렉스가 '이 사람 만만하게 볼 사람 아니네'라는 인상을 준다는 것. 실제 구매가가 얼마인지는 중요하지 않다. 부자처럼 보이기만 하면 된다.

부자가 되고 싶다는 환상은 자기계발, 재테크, 교육 카테고리에서 강력하다. "이 강의 듣고 연봉 두 배", "3개월 만에 첫 수익" 같은 카피가 먹히는 이유다. 더불어 부자처럼 보이고 싶다는 환상은 패션, 뷰티, 몇몇 라이프스타일 카테고리의 본질이다. 명품, 자동차, 시계, 액세서리. 실용성보다 그 이외의 것들이 중요한 모든 제품들. 같은 '부자'라는 환상이지만, 누구의 시선으로 측정되느냐에 따라 제품 카테고리가 완전히 갈린다. 내 통장 잔고로 증명할 것인가, 타인의 눈으로 증명할 것인가.

사회적 동물인 인간은 누구나 타인으로부터 주목받고, 인정받고, 특별한 사람이 되고 싶어 한다. SNS 시대가 열리며 이 환상은 더욱 강력해졌다. 과거에는 연예인만이 주인공이 될 수 있었다면, 이제는 누구나 인스타그램 팔로워 수천 명만 있으면 '마이크로 인플루언서'가 되는 세상이 왔으니까.

이 환상이 더욱 강렬하게 작용하는 건 '타인의 시선'으로 측정될 수 있기 때문이다. 좋아요 개수, 댓글 수, 조회수, 공유 횟수. 숫자로 보이는 관심이 곧 내가 얼마나 특별한 사람인지를 증명한다. 그래서 우리는 "인생샷 건지는 여행지"라거나 "인스타 감성 카페", "OOTD Outfit Of The Day 필수템" 같은 말에 반응한다. 그 장소에 가고, 그 카페에서 사진을 찍고, 그 옷을 입으면 내가 주인공이 될 수 있다는 환상에 젖어들기 때문이다.

제주도 감성 카페가 대표적이다. 커피 한 잔에 8천 원. 서울 강남 카페보다 비싸다. 심지어 비행기 타고 렌터카 타고 가야 한다. 돈을 아껴주는가? 절대 아니다. 시간을 아껴주는가? 제주공항의 저 반대편에 있을지도 모른다. 하지만 그곳의 통창 앞에서 찍은 사진 한 장이면 된다. '제주도 핫플을 다 아는 감성적인 나'라는 환상, '바다 뷰 카페에서 여유롭게 커피 마시는 나'라는 환상. 그 사진 한 장이 인스타그램에 올라가고 '좋아요'가 달리는 순간 전부 보상받는다. 누군가가 하트를 누를 때 나는 그 사람의 주인공이었으니까.

왜 이렇게까지 주인공이 되고 싶어 할까? 인간의 욕구 중 가장 강력한 것이 '인정 욕구'이기 때문이다. 매슬로의 욕구 5단계를 떠올려보자. 생존과 안전 다음이 바로 '소속감'과 '존중', '자아실현'이다. 생존과 안전은 혼자서도 해결할 수 있지만 소속감과 존중, 자아실현은 반드시 타인이 필요하다. 누군가 나를 인정하거나 특별하다고 여겨줘야 충족되는 욕구들이니까.

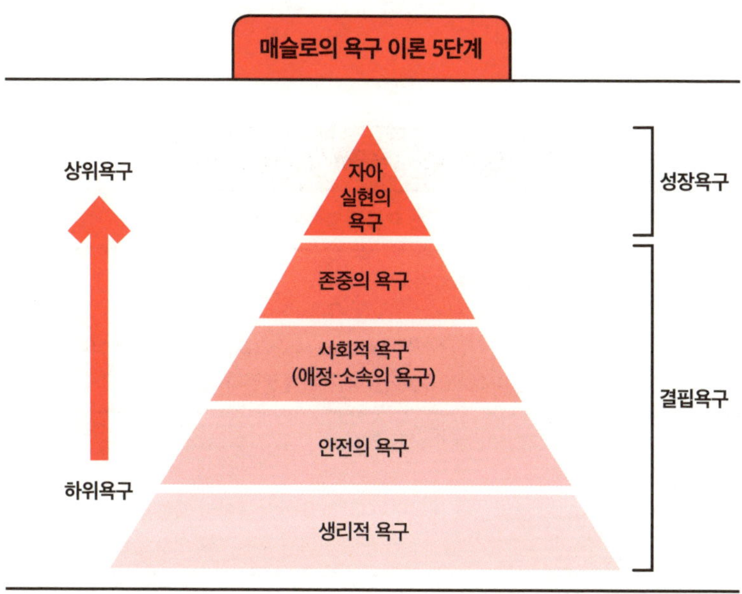

SNS 시대가 오면서 사진 한 장으로 세 가지 욕구를 한 방에 해결할 수 있게 되었다. 인스타그램 피드에 사진 한 장 올리면 소속감(팔로워), 존중(좋아요와 댓글), 자아실현(나만의 취향 표현)을 동시에

얻는다. 그것도 즉각적으로. 게시물을 올리고 3초 만에 첫 '좋아요'
가 뜬다. 5분이면 댓글이 달린다. 하루면 수십수백 개의 '인정'이 쌓
인다. 과거에는 특별한 사람이 되기 위해 연예인이 되어야 했지만,
이제는 인스타그램 계정 하나면 충분하다. 그래서 우리는 8천 원짜
리 커피에, 200만 원짜리 패딩에, 항공료까지 감수하며 제주도에
간다.

그렇기에 제품·서비스에서 '타인의 인정을 받기 쉬운' 요소를
살려주면 훨씬 잘 팔린다.

[Case Study] 인정 욕구를 만족시키는 요소	
제품/서비스	'주인공이 되고 싶다'는 환상을 충족해주는 요소
카페	신선한 원두, 정성스러운 핸드드립 ↓ 신선한 원두, 정성스러운 핸드드립, **사진 찍기 좋은 우드 인테리어** (커피 맛은 비슷해도 후자가 두 배 비싸게 팔린다. 사진 한 장의 가치 때문에)
화병	깨지지 않는 소재, 아담한 크기 ↓ 깨지지 않는 소재, 아담한 크기, **한 송이만 꽂아야 예쁜 디자인** (꽃 꽂을 일도 없는데 산다. 인테리어 좀 아는 사람이란 가치 때문에)

+ **제4환상: 쉽게 살고 싶다**

당신은 사는 게 쉬운가? 웬만해서는 아니겠지. 우리의 고객들도 사

는 게 쉽지 않다. 그렇기에 조금이라도 편하게 살도록 도와준다는 카피에 고객의 지갑은 열린다. 로봇청소기, 식료품 새벽 배송, 즉석밥, 냉동 만두. 우리가 기꺼이 돈을 내는 대부분의 일상 소비재들은 '쉽게 살고 싶다'는 환상 위에 세워진다.

이 환상이 작동하는 방식은 단순하다. '귀찮음'을 제거해주는 것이다. 설거지가 귀찮고 빨래가 귀찮고 장 보러 가는 게 귀찮고 요리하는 게 귀찮다. 재료를 사서 해 먹는 것보다 몇 배는 더 비싼데 금요일 저녁에는 배달비를 내면서까지 시켜 먹지 않는가.

쉽게 살 수 있다는 환상을 자극하기 위해 우리는 고객의 두 가지 귀찮음을 해결해줄 수 있다. '행동'의 귀찮음과 '고민'의 귀찮음이다. '행동'의 귀찮음은 직접 해결된다. 로봇청소기가 청소를 대신하고, 밀키트가 재료 손질을 대신한다. 물리적 행동 자체를 없애준다. '고민'의 귀찮음은 간접적으로 해결된다. "소개팅에 성공하고 싶은데 방법을 모르겠나요? 소개팅 성공률을 올려줄 우리의 베이직 화이트 셔츠를 입으세요.""부모님께 선물을 드리고 싶은데 뭘 사야 할지 모르겠나요? 리뷰 1,000개를 넘긴 우리 홍삼액이면 충분합니다." "색조 화장품이 많기는 한데 이게 나한테 잘 어울리는지 판단하기 쉽지 않다고요? 퍼스널 컬러를 찾아서 '이거다, 아니다' 딱 잘라 말해줄 우리의 진단 서비스를 받아보세요" 등등.

결과는 같다. 둘 다 '쉽게 산다'는 환상을 충족시킨다. 행동을 줄여서 몸이 편해지든 고민을 줄여서 정신이 편해지든, 뭐라도 하나 편해지면 그만이니까. 모두가 사는 게 쉽지 않거든.

제품/서비스	'쉽게 살고 싶다'는 환상을 충족해주는 요소
로봇청소기	강력한 흡입력, 오래가는 배터리 ↓ **"출근하고 오면 알아서 청소 끝."** (행동의 귀찮음 해결)
구독 서비스	매월 정기 배송, 합리적 가격 ↓ **"또 떨어졌네? 신경 쓸 필요 없어요."** (고민의 귀찮음 해결)

PART 3.
WHAT

제품의
스펙을 버리고
욕망을 파는 기술

넘어졌으면 다시 일어나서 숨을 크게 쉬고
계속 가던 길을 가면 된다.

_도리스 메르틴, 『아비투스』

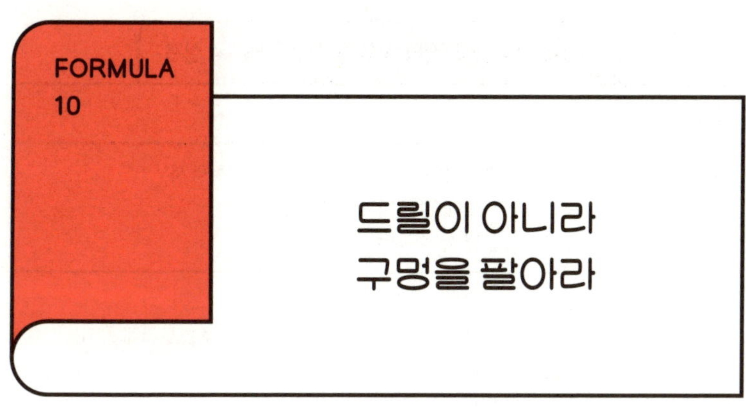

+ 고객이 듣고 싶은 말을 'What'으로 정해야 한다

길거리의 전단지로 다시 돌아가보자. 팥을 직접 끓이고, 망고 빙수에는 냉동이 아니라 생망고를 고집하는 빙수집이 있다고 할 때, 이 빙수집이 전단지에서 가장 크게 강조해야 할 것은 무엇일까?

망설임 없이 '생망고만 고집'한다는 점을 뽑아야 한다. 생망고를 사용하는 빙수집이 팥을 직접 끓이는 빙수집보다 훨씬 귀하기 때문이다. 그러니 다른 가게에서도 흔히 쓸 수 있는 '직접 끓인 팥'을 지면이 한정된 전단지에 메인으로 삽입해서, 생망고가 주목받을 기회를 날려버려선 안 된다.

제품		내용
누구에게 (Who)	타깃	친구와의 약속이나 연인과의 데이트에서 식후에 먹을 디저트에 아낌없이 돈을 쓸 수 있는 2030 여성.
	페르소나	밥 배와 디저트 배는 따로 있다고 믿으며, 예쁜 디저트 사진을 찍어 인스타그램 스토리에 올리는 23살 대학생 홍희 씨. 맛도 중요하지만 시선을 사로잡는 비주얼인지를 네이버 지도 '사진' 탭에서 꼭 확인하고 방문한다. 이미 동남아 여행에서 현지의 저렴하고 맛있는 과일을 실컷 먹어본 경험이 있다.
	1초	수다 떨기 위해 빙수를 고르는데, '망고 빙수'라면서 냉동 망고를 올려주는 가게를 보면 화가 치밀어 오른다. 친구와 나눠 낼 거라 맛만 보장되면 빙수 한 그릇에 2만 원대까지 지불 가능하다. (호텔 망고 빙수가 10만 원이 넘는다는 걸 알고 있기 때문이다.)
무엇을 (What)	환상	사시사철 생망고만 사용하기 때문에 동남아 현지의 맛을 그대로 느낄 수 있다.
어떻게 (How)		'동남아 망고는 차원이 달라' 병, ○○ 빙수집에서 완치 가능합니다. 100% 생망고만 고집하는 시그니처 망고빙수

빙수집은 자신의 가게를 찾아오는 고객들이(Who) 가장 크게 반응해줄 점을(What) 찾아내야 한다. 팥을 직접 쑤는 데 시간과 체력이 많이 들어가니 이걸 알아줬으면 싶겠지만, 이건 판매자인 내 욕심이다. 고객들은 사장님이 4시간을 자면서 팥을 쑤든 6시간을

자면서 팥을 쑤든, 너무 달지 않고 맛만 있으면 12시간을 탱자탱자 놀면서 쑨 팥에도 기꺼이 돈을 낸다. 게다가 고생고생하며 쑨 팥을 올린 1만 원대 팥빙수보다, 잘 고른 생망고를 썰어 올린 망고 빙수에 더 많은 돈을 지불하기까지 한다.

그러니 돈을 잘 벌기 위해서는 내가 하고 싶은 말은 잠시 내려두고, 고객들이 듣고 싶은 말을 먼저 들려주며 효율적으로 접근해야 한다.

+ **고객들은 어떤 What에 반응할까?**

"사람들은 0.25인치 드릴을 사고 싶어 하는 게 아니다. 그들이 원하는 것은 0.25인치짜리 구멍이다."

하버드 경영대학원의 시어도어 레빗**Theodore Levitt** 교수의 말이다. 이 문장은 수십 년이 지난 지금까지도 여전히 마케팅의 절대 원칙이다. 결국 고객은 드릴이라는 도구를 원하는 게 아니기 때문이다. 그들이 진짜 원하는 것은 벽에 깔끔하게 뚫릴 0.25인치짜리 구멍이다. 더 정확히 말하면, 그 구멍에 가족사진을 걸었을 때 느끼는 '행복'과 '안정'이라는 결과물을 사는 것이다. (돈, 시간, 환상 중 '환상'.)

사장님이 '4시간 동안 정성껏 쑨 팥'은 고객 입장에선 드릴의 스펙에 불과하다. 고객이 진짜 원하는 '구멍', 즉 생망고를 한입 베어 물었을 때 동남아 여행의 추억이 되살아나는 그 '찰나의 쾌감'을 What으로 삼아야 한다. 제품의 특징**feature**이 아니라, 그 제품이 가져다줄 '최종적인 결과**benefit**'를 팔아야 비로소 지갑이 열린다.

수많은 상세페이지들과 광고들을 접하다 보니 핵심은 크게 세 가지로 분류할 수 있었다.

1. '제품'의 차원에서 내세우는 What
2. '가격'의 차원에서 내세우는 What
3. 판매자인 '브랜드'의 차원에서 내세우는 What

다음 장부터 하나씩 읽어보며 내 제품과 서비스를 가장 빛내줄 What을 찾아보자.

제품에
더하고 빼고 곱해서
완성하라

+   **제품에 '+'를 더했다**

내 제품이나 서비스가 가지고 있는 특징 중 경쟁사나 타사보다 한 발 더 나아간 것이 있을 때 사용할 수 있는 전략이다. 냉동 망고가 아니라 생망고를 사용한다는 점이 대표적이다. 다른 빙수 가게에서도 사용하는 망고 토핑에 '생生'이라는 특징을 더했기 때문이다.

그렇다고 해서 경쟁사나 타사에서는 아무도 하지 않는, 오직 내 제품과 서비스에서만 볼 수 있는 특징이어야 할 필요는 없다. 생망고를 사용하는 빙수집이 대한민국에 수십, 수백 곳이듯, 오직 나만 할 수 있는 건 세상에 없다. 내가 자랑하고 싶다면 뭐든 '더했습니다'가 될 수 있다. 뭘 더했는지를 보여주는 방식에 다양하게 접근해보자.

[Case Study] 파는 사람의 고집을 더해 가치를 만드는 법		
무엇을(What)	어떻게(How)	핵심 포인트
망고 빙수에 사시사철 생망고만 사용함.	생망고를 매일 손질하는 수고로움을 더했습니다.	파는 사람의 **수고로움**을 더함.
	빙수 원가가 올라가더라도 생망고만 고집합니다.	빙수 원가를 더함.
	기준 미달인 생망고는 전부 폐기합니다. 고객님은 달콤하게 드시기만 하세요.	망고를 폐기할 때 나오는 **손해**를 더함.

이처럼 무언가를 더한다는 것은 단순히 새로운 기능을 끼워 넣는 행위만을 뜻하지 않는다. 때로는 판매자가 감내하는 수고로움이나 손해, 그리고 타협하지 않는 고집 그 자체가 고객에게는 대체 불가능한 가치가 된다. 내가 지불하는 가격보다 판매자가 들인 정성이 더 크다는 확신이 들 때, 고객은 비로소 '이건 돈이 아깝지 않다'며 기꺼이 지갑을 열게 되는 법이다.

'더했습니다'와 달리 경쟁사나 타사에서는 하지만 우리는 하지 않을 때 구사할 수 있는 전략이다. 어쩌면 오늘 본 흔한 카피, '유통 마진을 줄여 가격 거품을 뺐습니다!'가 여기에 뿌리를 두고 있다. 다른 곳에는 포함된 '유통 마진'을 빼서 가격을 낮췄다는 뜻이니까.

보통 '뺐습니다'는 나쁜 이미지를 가진 요소를 하지 않을 때 유리하다. 과도한 유통 마진, 공장식 찍어내기 생산, 성분 분석 앱에서 유해하다고 지정한 성분, 지구를 아프게 하는 과대 포장 등등이 대표적이다. (오늘도 비슷한 광고를 봤다 싶을 만큼 흔하게 사용된다.)

우리가 딱히 뺀 게 없어도 괜찮다. 고객들이 지금까지 나쁘다고 생각하지 않았거나 고려하지 않은 것들이 사실은 좋지 않았다며 나쁜 이미지를 만든 뒤, 우리는 그걸 뺐다는 식으로 응용할 수 있다.

[Case Study] 당연하게 여겼던 것에서 '부정적 이미지' 빼기	
읽는 사람들이 고려하지 않은 것	냉동 망고는 신선한가?
부정적 이미지 만들기	망고를 수확한 시기는 냉동 망고에 표시되지 않아요. 언제 수확된지도 모르는 망고를 드시려고요?
부정적 이미지 빼기	공장에서 온 냉동 망고가 아니라 나무에서 딴 생망고를 고집합니다. 유통기한 2년 넘는 냉동 망고가 ○○ 빙수집에 발붙일 곳은 없습니다.

냉동 망고를 사용하는 빙수집이라고 가만히 앉아서 손님을 빼앗길 순 없다. 누가 봐도 더 우위에 있는 생망고에 나쁜 이미지를 부여해보자.

[Case Study] 당연하게 여겼던 것에 '부정적 이미지' 더하기	
읽는 사람들이 고려하지 않은 것	생망고는 원물 상태에 따라 당도가 달라질 수 있다.
부정적 이미지 만들기	똑같은 돈을 내고도 맛없는 망고만 올라간 빙수를 받을 수 있다. 이거 완전 '뽑기 운' 아니야?
부정적 이미지 빼기	생망고란 이유만으로 '당도 뽑기'를 하지 마세요. 엄선된 아이스 망고로 100% 달콤함만 담았다.

'당도 뽑기'라는 부정적인 경험을 뺀 점을 강조하며, 냉동 망고란 말 대신 '아이스 망고'를 사용해 이미지를 보완하는 방식이다.

+ **제품과 'x'를 곱했다**

경쟁사나 타사에서 하지 않는 색다른 시도를 했을 때 해당한다. 수박 모양을 그대로 닮은 아이스크림 '수박바'를 모르는 사람은 없을 것이다. 예전에 '거꾸로 수박바'라고, 초록색이 위로 가고 빨간색

이 아래로 간 특별판이 나온 적 있었는데 이 '거꾸로 수박바'가 대표적인 '곱하기'의 사례다. 우리 머릿속의 고정관념인 '빨강이 위, 초록이 아래'라는 수박바의 색상을 뒤집어 새롭게 탄생시켰기 때문이다.

냉동 망고를 사용하지 않고 생망고를 사용한 게 '더했습니다'라면, 다른 빙수집에서는 찾아보기 힘든 '망고 얼음 사용'은 곱하기에 해당한다. 우유 얼음이라는 고정관념을 망고와 곱한 걸로 볼 수 있다. 우유 토핑을 올리고 팥 맛 얼음을 사용했는가? 이 또한 흔히 볼 수 있는 빙수의 순서를 뒤바꾼 '곱하기'가 된다.

이처럼 '곱했습니다'는 읽는 사람, 즉 고객들의 고정관념을 깨는 무언가가 있을 때 유리하다. 간략하게 정리하자면 공식은 다음과 같다.

고정관념을 깨는 무언가 × 내 제품·서비스의 구성 요소

그렇다고 해서 '거꾸로 수박바'나 '우유 토핑에 팥 맛 얼음 빙수'처럼 혁신적이고 대단한 것만 해당하진 않는다.

계속 차가운 빙수를 예시로 들어서 몸이 으슬으슬하실 테니 분위기도 바꿀 겸 따뜻한 예시를 들어보자. '단군 할아버지는 부동산 사기를 당한 게 분명하다'는 말이 절로 나오는 우리나라의 겨울이 다가오면 각종 발열 제품이 눈에 들어온다. 요즈음은 얇은 발열 패딩들도 흔히 볼 수 있는데 이런 분석이 가능하다.

	[Case Study] 고정관념을 뒤집어 '혁신'을 파는 곱하기 전략	
무엇을(What)	어떻게(How)	핵심 포인트
발열 안감을 넣어 10초 만에 50도까지 따뜻해짐.	춥지 않다는 말. 결국 따뜻하진 않다는 말. 원터치 버튼으로 10초 만에 50도까지 따뜻해지는 혁신적 발열 패딩.	추위를 막아주는 겉옷이란 고정관념과 발열 기능을 곱함.
	오늘부터 패딩의 따뜻함은 두께와 반비례합니다. 원터치 버튼으로 10초 만에 50도까지 따뜻해지는 초-슬림 발열 패딩.	두껍고 부피가 클수록 따뜻하다는 고정관념과 두께를 곱함.

이처럼 더하고(+), 빼고(-), 곱하는(×) 사칙연산 전략은 평범한 제품의 특징을 거부할 수 없는 강력한 'What'으로 바꾸는 마법의 도구이다. 남들이 다 하는 뻔한 이야기를 반복하기보다, 이 사칙연산 공식을 지금 바로 내 제품에 대입해보자. 수많은 경쟁사 사이에서 내 제품을 단숨에 돋보이게 만들 '단 하나의 엣지'는 바로 이 연산 과정 끝에 탄생하는 법이다.

가격보다 유능한 영업사원은 없다

+ **왜 이 가격이어야 하는가**

어느새 국민 가게가 된 다이소. 다이소에 품질 좋고 평생 쓸 제품을 사러 가진 않는다. 대단한 기능을 기대하지 않음에도 불구하고 오늘도 퇴근길에 다이소를 들르는 이유는 적당한 가격에 적당한 품질을 갖춘 제품들을 부담 없이 구매할 수 있기 때문이다. 여기에서 중요한 것은 '적당한 가격'이 선행한다는 점이다.

적당한 품질의 제품들은 쿠팡에도 많은데 굳이 걸어가는 수고를 감당하면서까지 다이소를 찾는 것은 역시나 1,000원으로 대표되는 적당한 가격 때문일 것이다. 심지어 요즘은 1,000원 제품보다

2,000원이나 5,000원 제품이 많아졌지만 고객들의 머릿속에는 '다이소는 단돈 1,000원에 적당한 물건을 살 수 있다'는 What이 강력하게 각인되어 있다. 덕분에 다이소는 쿠팡이 침범할 수 없는 자신만의 나라를 세웠다.

제품이나 서비스에서 마땅한 What을 찾지 못했다면 가격으로 눈을 돌려보자. 내 제품과 서비스의 가격은 경쟁사·타사와 비교해 무조건 다음 세 가지 중 하나에 해당할 것이다.

1. **비싸거나** (↑ 높다)
2. **싸거나** (↓ 낮다)
3. **비슷하거나** (= 비슷하다)

이렇게 분류하면 전략을 세우기도 한결 쉬워진다.

+ **비싼 가격은 그 자체로 '프리미엄'이다**

경쟁사보다 가격이 높은가? 잘된 일이다. 저렴함을 내세우는 곳들은 널렸지만, 비싼 데는 다 이유가 있음을 당당히 주장할 수 있는 곳은 흔치 않다. 경쟁사보다 가격이 높다는 점 자체만으로 우리는 이미 차별화된 What을 가진 셈이다. 우리가 비싸다는 걸 당당하게 인정하고, 그 대신 읽는 사람(Who)이 고개를 끄덕일 만한 근거를 들어주기만 하면 된다.

작은 쇼핑몰인 우리가 판매하는 캐시미어 코트가 웬만한 대기업 브랜드보다 비싸다고? 괜찮다. 대기업 브랜드들처럼 해외 공장에 외주를 맡기는 게 아니라, 오래 알고 지낸 국내 공장에서 장인들이 하나하나 재봉질해 완성된 코트임을 알려주면 그만이다. 물론 해외 공장에서도 재봉질로 코트를 만든다는 점은 같다. 하지만 우리가 집중적으로 내세워야 하는 What은 우리나라 사람들이 입을 코트이기 때문에 한국인의 체형을 가장 잘 아는 국내 공장에서 완성된다는 점이다.

[Case Study] 비싼 가격을 '납득'시키는 카피 설계		
제품		**내용**
누구에게 (Who)	**타깃**	두고두고 오래 입을 겨울 코트를 찾는 30대 후반의 직장인 여성.
	페르소나	분명히 작년 겨울에도 비싼 돈 주고 코트를 산 것 같은데 도대체가 입을 코트가 없는 38살 홍희 씨. 저렴한 가격에 혹해 코트를 사면 나이에 어울리지 않음을 경험을 통해 알고 있기에, 올해는 반드시 제대로 된 코트를 사서 본전을 뽑을 예정이다. 쇼핑 경력이 쌓일 대로 쌓여서 이젠 혼용률만 봐도 대충 어떤 코트일지 감이 오는 경지에 올랐다. 코트는 원단뿐만 아니라 핏(Fit)도 중요함을 알고 있고, 도톰한 니트를 입어도 둔해 보이지 않는 완벽한 균형을 찾는 중이다. 팔다리가 긴 외국인 모델 사진만 봐서는 이런 균형을 찾기가 힘들다고 느낀다.

무엇을 (What)	한국인의 체형까지 고려해 완성한 코트 핏, Made in Korea.
어떻게 (How)	한국인의 몸을 가장 잘 아는 건, 역시 한국인이더라고요. 1mm의 차이로 핏을 결정하는 가장 중요한 요소, 봉제. 해외 공장보다 인건비가 10배 더 나가더라도 ○○○의 모든 코트는 경기도 ××시 △△동에서 한국인 장인분들이 박음질합니다.

만약 우리는 해외 공장에서 제작된 코트를 수입해오기만 할 뿐인데, 대기업 브랜드도 아닌 데다가 피치 못할 사정으로 가격을 낮출 수도 없다면? 그래도 괜찮다. 앞서 배웠던 '빼기' 전략을 응용하면 된다. 이 가격을 이해하지 못하는 당신들(Who)은 진짜 가치를 모른다는 식으로 자신 있게 선을 그어버리는 것이다.

[Case Study] 비싼 가격을 납득시키는 '빼기'의 카피 설계	
구분	**내용**
무엇을 (What)	한국인의 체형까지 고려해 완성한 코트 핏, Made in Korea가 아님.
어떻게 (How)	○○만 원 이하의 코트는 ××에는 없습니다. 평생, 어떤 이너와 매치하더라도 감탄이 나오는 독보적인 핏은 특정 제작 단가 이하로는 구현이 불가능합니다.

이런 발칙한 전략은 이미 숱하게 성공해왔다. 스마트폰도 들어가지 않는 1,000만 원짜리 가방, 잔고장이 많다는 집 한 채 값의 스포츠카. 머리로 생각해서는 도저히 손이 가지 않는다. 하지만 저 가방이나 스포츠카만 있으면 나도 특별한 사람이 될 수 있다는 생각에 어느새 적금을 깨고 있는 스스로를 발견하게 된다. 비싼 가격을 지불한다는 것은, 그만한 가치를 지불하는 누군가와 동등한 지위에 오를 수 있다는 '부자의 환상' 또는 '주인공 환상'을 심어준다.

머리로는 이해가 되지 않더라도 마음속 깊은 곳에서는 이 가격을 지불할 수 있는 누군가와 동등해지고 싶다는 욕망이 읽는 사람을 압도할 때가 있다. 그 욕망에 방아쇠를 당기는 것은, 어쩌면 파는 사람들인 우리조차 놀랄 만큼 높게 설정된 가격인 것이다.

'높다'를 활용해 비싸게 파는 법

아무 이유도 없이, 내가 빠르게 부자가 되고 싶어서 가격을 높게 설정했어도 괜찮다. 단, 다음 두 가지가 받쳐준다면 말이다.

1. 가격을 고려하지 않고 지불할 독보적인 가치를 갖출 것
2. 굳이 가격을 What으로 이야기하지 말 것

이러면 비싸게 팔 수 있다. 대표적인 사례가 각종 굿즈들이다.

내가 좋아하는 이모티콘 캐릭터가 인쇄되어 있다는 이유만으로 비싼 티셔츠를 산다. '그냥' 티셔츠를 살 때에는 소재, 퀄리티, 후기, 할인율을 하나하나 따져본다. 하지만 굿즈를 살 때는 이 모든 것을 따져보지 않고 더 비싼 가격을 기꺼이 지불한다. 귀여움이 세상을 구하기 때문이다.

고객들이 산 것은 티셔츠가 아니라 볼 때마다 피식피식 웃음 짓게 했던 귀여운 캐릭터의 가치다. 티셔츠는 귀여움을 담은 그릇일 뿐. 굿즈 판매자 또한 자신의 고객들이 천년만년 오래 입을 티셔츠를 기대하는 게 아니라 이모티콘 캐릭터의 매력을 기대하고 지갑을 연다는 걸 알기 때문에, 굳이 '왜 이 가격인지'를 언급하지 않는다. 인기 아이돌 가수의 앨범이나 콘서트 티켓도 마찬가지다.

여기서 전하고 싶은 것은 귀여운 캐릭터도 없고, 인기 아이돌도 아니라도, 누구나 고객들에게 충분한 가치를 전달할 수 있다면 높은 가격을 받아낼 수 있다는 가능성이다. 찾아내야 한다. 내 생각에 가치 있는 것 말고, 내 고객들이 가치 있다고 봐줄 What을.

+   낮은 가격은 '합리성'의 다른 이름이다

다이소가 신제품을 낼 때마다 광고를 집행하지 않듯 낮은 가격은 그 자체만으로 고객을 끌어당긴다. 그러니 경쟁사·타사 대비 낮은 가격을 준비했다면 이미 강력한 What이 준비된 셈이다.

하지만 우리가 다이소와 고급스러움을 연결짓지 않는 것처럼, 낮은 가격은 자칫 '저렴한 브랜드'라는 부작용을 낳는다. 다이소가 끝끝내 1,000원 제품군을 놓지 못하는 이유도 '다이소＝1,000원 가게'로 정립된 이미지를 벗어나면 고객의 반발이 생김을 알기 때문이다. 고객들도 싼 맛에 우리를 찾다가, 더 높은 값을 지불할 준비가 되었을 때에는 다른 브랜드를 찾을 것이다.

그래서 낮은 가격을 What으로 선택했다면, 단순히 싸다는 이미지가 아니라 '합리적'이란 이미지, 나아가 '가격 대비 압도적 품질'이라는 이미지를 심어주는 데 총력을 다해야 한다. '합리적'이라는 단어 외에도 '합당한, 알맞은, 마땅한' 등의 표현을 How 안에 녹여보자.

[Case Study] 낮은 가격을 합리적인 이미지로 전달하는 법	
구분	**내용**
무엇을 (What)	한국인의 체형까지 고려해 완성한 코트 핏. Made in Korea.
어떻게 (How)	○○만 원. Made in Korea를 누리기 참 괜찮은 가격. 1mm의 차이로 핏을 결정하는 가장 중요한 요소, 봉제. 대한민국 제조를 고집해서 드는 막대한 인건비는 ×××이 오롯이 짊어지겠습니다.

눈치챈 분이 있을지도 모른다. "1mm의 차이로 핏을 결정하는 봉제"라는 카피는 앞서 '↑ 높다'에서도 그대로 사용되었다. 카피를 쓰는 목적이 평생 똑같은 문장을 절대 쓰지 않기 위함이 아니기 때문이다. 내가 전달하고자 하는 최종적인 What을 고객들에게 제대로 전달할 수만 있다면, 이전에 쓴 문장이더라도 전혀 문제가 되지 않는다. 카피도 사람도, 모든 것은 관계 속에서 의미를 갖는 법이다.

하지만 합리적이란 말을 직접 쓰는 게 왜인지 구차하게 느껴진다면, 고객이 "이 정도면 진짜 괜찮은데?"라고 느끼게 유도해야 한다. 괜찮다는 것 또한 상대적이므로 우리 제품·서비스의 가격과 비교할 무언가를 찾아내야 한다. 그 방법으로 '직접 비교'와 '간접 비교'가 있다.

직접 비교는 화자話者를 우리 브랜드가 아니라 해당 분야의 전문가로 바꾸어 자연스럽게 신뢰를 확보하는 방식이다. 대놓고 "저거 다 거품이에요!"라고 말하면 비방 광고로 신고(!)당하기 십상이니, 전문가가 이야기하는 식으로 바꾸면 자연스럽게 전개할 수 있다.

[Case Study] 화자를 전문가로 바꾸어 신뢰를 확보하는 '직접 비교'	
구분	내용
무엇을 (What)	국산 코트의 합리적 가격.

<table>
<tr><td>어떻게
(How)</td><td>○○만 원.
1mm까지 핏을 조정한 □□ 코트의 봉제 공장 사장님이 예측한
소비자 가격입니다.

백화점 코트 MD가 감탄한
△△만의 놀라운 가격.</td></tr>
</table>

위 사례에서 전문가로 등장한 '봉제 공장 사장님'은 언제든 다른 존재로 대체될 수 있다. 백화점에서 코트만 10년 담당한 전문 MD가 될 수도 있고, 매년 겨울마다 코트를 수십 벌 입어보는 모델이 촬영 현장에서 감탄하면서 예상한 가격일 수도 있다. 조금 더 친숙하게는, 내가 옷을 사 들고 올 때마다 "그 돈 주고 이걸 샀냐"며 구박하는 엄마가 될 수도 있다. 퀄리티를 지향하는 하이엔드 브랜드를 전개하고 있다면 백화점 MD의 입을 빌리고, 10대 고객들을 대상으로 트렌디한 의류를 판매하는 브랜드라면 "엄마도 잘 샀다고 칭찬하는 코트"로 강력한 한 줄을 쓸 수 있다.

간접 비교는 읽는 사람(Who)이 내 제품을 선택하지 않았을 때 겪게 될 '손해 비용의 총합'과 비교하는 방식이다. 지금 이 비용을 지불하지 않으면 더 큰 손해를 입게 될 텐데 사지 않고 뭘 하고 있냐며 읽는 사람의 지갑을 열게 하는 것이다.

<table>
<tr><td colspan="2" align="center">[Case Study] 손해를 비교하는 '간접 비교'</td></tr>
<tr><td>구분</td><td>내용</td></tr>
<tr><td>무엇을
(What)</td><td>억울해서 어쩌죠?
보풀 때문에 더 입지 않는 코트들에 투자한 돈, 최소 100만 원은 될 텐데.
○○만 원에 평생 입을 캐시미어 코트를 만났으니.

(지금 이 코트를 사지 않으면 앞으로 100만 원 이상을 더 낭비하게 될 것임을 암시한다. 100만 원과 ○○만 원을 비교하며 상대적으로 괜찮은 가격처럼 느껴지게 한다. 고객이 그간 코트에 쓴 돈이 100만 원이 안 되는 상황은 걱정하지 말자. 100만 원은 '제대로 된 코트를 사지 못해 그간 낭비한 돈'을 상징하는 숫자일 뿐이니까.)</td></tr>
</table>

명심하자. 같은 가격이라 해도 고객에 따라 다르게 느껴진다는 것을. 똑같은 199,000원 코트라 해도 내가 만날 고객의 상황에 따라 높게도 낮게도 느껴진다. 가격 그 자체의 절댓값이 아니라 고객이 체감하는 상대성이 가치를 결정한다는 것.

<table>
<tr><td colspan="3" align="center">[Case Study] Who에 따라 달라지는 What의 적용</td></tr>
<tr><td>누구에게(Who)</td><td>무엇을(What)</td><td>어떻게(How)</td></tr>
<tr><td>교복 위에 입을 코트를 찾는 10대.</td><td>가격이 높은 이유가 있다.</td><td>걱정 마세요.
만지는 순간 엄마도 잘 샀다고 칭찬할 테니까요.</td></tr>
<tr><td>두고두고 오래 입을 코트를 찾는 30대 후반 직장인 여성.</td><td>가격이 낮은(합리적인) 이유가 있다.</td><td>놀라지 마세요.
이 가격에 캐시미어 혼용은 상상도 못 하셨을 테니까요.</td></tr>
</table>

결국 가격의 가치는 절대적인 숫자가 아니라, 그 가격을 마주하는 고객의 상황과 결핍에 의해 결정된다. 똑같은 가격표를 달고 있더라도 누군가에게는 부모님의 허락이 필요한 '큰마음 먹은 투자'가 되고, 누군가에게는 놓치면 안 될 '압도적인 기회'가 된다. 우리가 What이라는 제품의 특징을 고민하기 전에 반드시 Who라는 고객의 실체를 먼저 파고들어야 하는 이유가 바로 여기에 있다.

+ 　　　　　비슷한 가격 속에 숨어 있는 '급소'를 찾아라

내 제품의 가격이 특별히 비싸지도 싸지도 않고 비슷한 가격이라면 어떨까? 절대다수의 셀러들이 여기에 해당할 것이다. 내 제품·서비스의 가격은 경쟁사·타사보다 높거나 낮거나 비슷하거나, 무조건 셋 중 하나다. 비싸면 '↑ 높다'로, 싸면 '↓ 낮다'로 당당히 어필할 수 있지만, 문제는 세 번째 '＝ 비슷하다'다.

냉정하게 말해 '비슷한 가격'은 What으로서 경쟁력이 없다. "우리 가격은 남들이랑 비슷해요"라고 말하는 순간, 고객은 "그럼 굳이 왜 너네 걸 사야 해?"라고 되묻는다. 차별점이 없는 것이다. 그래서 가격이 비슷하다면, 두 가지 선택지가 있다.

첫째, 비슷한 가격을 비교 대상에 따라 '높다' 또는 '낮다'로 재해석하는 것이다. 경쟁사 A보다는 비싸지만, 경쟁사 B보다는 싸다면? B와 비교하며 '합리적 가격'을 강조하거나, A와 비교하며 '이 가격엔 이유가 있다'고 말할 수 있다. 기준을 어디에 두느냐에 따라 '비슷함'은 '높음' 또는 '낮음'으로 바뀐다.

둘째, 아예 가격에서 What을 찾지 않는 것이다. 굳이 별다른 경쟁력이 없는 가격을 내세울 필요는 없다. 제품에서 더하거나 빼거나 곱해진 What, 또는 (뒤이어 설명될) 브랜드만의 고유한 가치처럼 Who가 더 적극적으로 반응할 만한 What이 있다면 그것을 선택해야 한다.

정말 제대로 된 화덕 피자집은 가격이 특별히 저렴하지 않아도 '진짜 화덕 피자'라는 What 하나로 충분하다. 읽는 사람의 구매를 결정하는 데 가격이 중요한 건 맞지만, 그보다 더 강력한 What이 있다면 가격 언급 없이도 날개 돋친 듯 팔린다. 애초에 우리의 타깃도 페르소나도 아닌 사람에게 마음 주지 말자. 명확한 What이 있음에도 다른 곳과 가격이 비슷하다는 이유로 구매하지 않으려는 고객까지 잡으려고 힘을 쏟을 필요는 없다. 그럴 바에는 내가 선택한 What을 더 매력적으로 보이게 할 How를 연구하는 편이 훨씬 이득이다.

브랜드를 선택해야 하는 이유를 찾아라

+ **할머니 순댓국의 비밀**

할아버지 순댓국은 없는데, 할머니 순댓국은 있는 이유가 뭘까? 누가 만드느냐에 따라 읽는 사람에게 전달되는 느낌이 확연히 다르기 때문이다.

할아버지 순댓국은 왠지 국물이 무척 짤 것 같다. 고춧가루가 들깻가루보다 많은 느낌이다. 부속 고기에 남은 돼지털 한 가닥이랑 눈이 마주칠 것만 같다. 깍두기 국물을 넣지 않는다고 한 소리 듣지 않으면 다행이다. 옆에서 소주 다섯 병째 비우는 할아버님 두 분이 등산복을 입고 손주 자랑 중이실 것 같다.

하지만 할머니 순댓국은 다르다. 뽀얗고 진한 국물에 보기만 해도 해장이 될 것 같다. 당면 순대가 아닌 '찐' 찹쌀 순대와 잡내 없는 부속 고기가 가득해서 공기밥 뚜껑에 따로 덜어야 밥을 말 수 있다. 뽀글머리 할머님들이 한편에서 고추를 다듬으시다 복스럽게 먹는다며 밥 한 그릇 더 줄까 물어보시는 정이 느껴진다.

과거 SNS에는 "명인과 장인의 이름은 촌스러워야 신뢰가 간다"면서 "김동곤 명인이 누군지는 모르지만, 김동곤 명인의 쌍계차 세트는 엄마께 사드리고 싶다"는 게시글이 화제가 되기도 했다. 해당 글의 댓글에 달린 '김덕수 사물놀이 → 사물놀이에 인생을 다 바친 분. 김하율 사물놀이 → 뭐지?'라는 반응은 브랜드에서 충분히 What을 찾아 어필해도 된다는 확실한 방증이다.

이 세상에 오직 나만이 판매하는 유일무이한 제품이나 서비스는 존재하지 않는다. 비슷한 걸 판매하는 곳들 중 '왜 하필 나한테서 사야 하는지'가 의외로 읽는 사람의 구매를 결정하기도 한다. 제품이나 가격에서 나만의 What을 찾아내지 못했다면, 이 세상에 존재하는 유일무이한 존재인 '나(=브랜드)'에서 What을 찾아보자.

\+ **유명하니까 믿으세요**

"누적 20만 개 판매"나 "1초에 1개씩 팔리는 아이템" 또는 "네이버 쇼핑 분야 1위" 같은 카피들은 온라인에서 흔하게 봤을 것이다.

그뿐인가. 오프라인 매장의 대표 주자인 올리브영에 들어가면 숱한 화장품들이 "올리브영 1위"를 외친다. 자세히 살펴보면 단상자의 우측 하단에 깨알 같은 글씨로 특정 시점과 특정 카테고리 기준이라고 쓰여 있다. 매장에 방문할 일이 생긴다면 꼭 한번 찾아보길 바란다.

대문짝만하게 자신들의 성과를 써놓는 이유는 고객들에게 '우리가 이렇게 유명하니까 믿고 사도 된다'는 신뢰(=What)를 주기 위함이다. 고객이 지갑을 열기 직전, 가장 먼저 고개를 드는 감정은 '기대'가 아니라 '불안'이다. 특히 수많은 선택지가 놓인 온라인 시장에서 이름조차 생소한 브랜드의 제품을 선택하기란 고객 입장에서 일종의 '모험'과도 같다. 이때 브랜드가 내세우는 신뢰의 What은 고객의 불안을 잠재우고 결제 버튼으로 향하는 심리적 장벽을 낮춰주는 결정적인 안전장치가 된다. 제품의 품질이 상향 평준화된 지금, 결국 마지막 선택을 좌우하는 것은 '얼마나 대단한 기능을 가졌는가'보다 '얼마나 믿을 만한 곳인가'에 달려 있기 때문이다.

역설적이게도 이런 What이 더 절실하게 필요한 이유는 읽는 사람들이 그 브랜드를 잘 모르기 때문이다. 백화점 1층에 입점한 모두가 아는 명품 브랜드들은 자신들의 성과를 알릴 필요가 없다. 티파니앤코가 매장 입구에 '20××년 현대백화점 ○○점 웨딩링 매출 1위!' 같은 카피를 써놓는다면 오히려 들어가기 싫어지지 않겠는가.

그런데 모두가 아는 브랜드도 아니고, 이제 막 시작한 브랜드라 걸어둘 성과도 없다면? 성과를 꼭 숫자로만 표시해야 하는 법은 없으니 걱정 말자. "아는 사람들은 다 아는 집들이 선물템"이나 "실사용 만족도가 100점이라 중고 시장에 절대 안 나오는 키보드", "구독 후 재결제율 97%의 비밀"처럼 이 제품을 쓰는 사람들은 우리를 다 좋아하는데 당신만 모른다는 소외감을 주면 된다. 흔한 카피처럼 느껴진다면 페르소나가 느낄 1초에 집중해 세분화하면 된다. 생각보다 아주 간단하지 않은가!

[Case Study] 모호한 성과를 구체적인 '신뢰'로 바꾸는 세분화 전략		
Before	**세분화 기준**	**After**
아는 사람들은 다 아는 집들이 선물템	'선물 받는 사람'의 세분화	신혼부부들이 손뼉 치는 집들이 선물템
		자취생은 다 들어본 집들이 선물템
		혼자 사는 김 대리가 받고 싶어 한 집들이 선물템
실사용 만족도가 100점이라 중고 시장에 절대 안 나오는 키보드	제품의 특징에 맞춰 세분화	LOL 하는 사람들 중 ○○○ 키보드를 모르는 사람은 없습니다.
		판교 직장인들의 장바구니에 한 번쯤은 담겨보았을 그 키보드
		100%, 믿고 사본 분들이 남겨주신 ○○○ 키보드의 만족도

특히나 선물 아이템의 경우, '사는 사람'과 '받는 사람'이 다르다는 점에 주목해야 한다. 고객은 받는 사람이 좋아할지를 기준으로 구매하므로 페르소나를 구체적으로 좁힐수록 카피의 힘은 세진다. 또한 인지도가 낮은 신생 브랜드라면 '고민하던 사람들이 결국 만족했다'는 식의 검증된 후기를 What으로 활용해 읽는 사람의 의심을 거두게 해야 한다.

키보드의 경우에는 게이밍이나 업무 등 목적에 따라, 타건감이나 타건음 등 사용감에 따라 확실한 수요층이 있다. 나의 고객들이 반응할 특징들이 잘 드러날 수 있도록, 그 수요를 찾는 사람들이라면 다 안다(= What)는 식으로 접근할 수 있다. 또한 키보드는 전문가 수준의 지식을 뽐내는 분들이 워낙 많기 때문에 신예 브랜드가 경쟁하기 불리할 수 있다. 이럴 때는 '인지도가 없어서 살까 말까 하던 분들이 다 만족했다'는 접근을 해볼 수도 있다. 모두 지금 내 카피를 읽고 있을 사람들(= Who)이 할 법한 고민을 미리 해본 '또 다른 고객'들이 검증했으니(= What) 믿어도 된다는 전략이다.

+ 전문가니까 믿으세요

'김동곤 명인의 쌍계차 세트'나 '김덕수 사물놀이'에 일단 신뢰가 가는 이유는 이름에서 느껴지는 투박함 덕분에 오히려 꼼수 부리지 않고 정직하게 한 우물만 팠을 것 같은 느낌이 들기 때문이다. 하지만 엄마 아빠가 물려준 소중한 이름을 당장 바꿀 순 없으니, 내가 가진 What 중에서 전문가 느낌을 주는 걸 찾아보자.

'증'은 더할 나위 없다. 특허증, 자격증, 면허증, 수료증, 합격증, 졸업증 등등 무엇이든 좋다. 나의 실력을 입증할 수 있는 증거를 제시하자. 한 가지 주의 사항이 있다. 고객들은 나만큼 이 분야의 전문가가 아니다. 그래서 그 '증'을 따는 게 얼마나 어려운지 잘 모른다. 쓰는 사람인 나에게 당연한 정보가 읽는 사람들에게는 당연하지 않다는 점을 염두에 두고, 단순한 제시가 아니라 가벼운 설명을 덧붙여 What을 강조해보자.

[Case Study] 당연한 자격증에 '희소성'의 가치를 더하는 법		
Before	**강조 기준**	**After**
한식조리기능사가 매일 아침 정성스레 보내드리는 ○○ 밀키트	자격 취득 난이도 강조	**10명 중 2.5명만 붙는 극악의 난이도, 한식조리기능사!** ○○ 밀키트는 매일 아침, 한식조리기능사가 정성스레 담아냅니다.

2023년 기준 한식조리기능사의 최종 합격률은 약 25.8%이다. 10명이 응시하면 채 3명도 통과하지 못한다는 구체적인 수치를 카피에 녹이는 순간, 평범해 보이던 '조리기능사'라는 타이틀은 대체 불가능한 전문성으로 탈바꿈한다.

물론 부연 설명이 구태여 필요 없는 '증'들도 있다. 이럴 때는 굳이 설명을 덧붙이기보다는, 읽는 사람들의 머릿속에 그런 '증'을 갖추지 않은 다른 곳들을 간접적으로 떠올리게 해주는 것만으로도 충분하다.

[Case Study] 자격증의 '우월성'을 강조하는 법		
Before	강조 기준	**After**
약사가 개발한 고함량 ○○	타사와의 차별성	몸에 좋으라고 먹는 건데, 약사가 개발해야 하지 않겠어요?

제품의 What 차원에서 '뺐습니다' 전략을 썼을 때와 마찬가지로, 고객이 미처 생각하지 못했던 당연한 상식에 의문을 던지며 우리만의 우월한 지위를 확보하는 방식이다.

또 다른 '증'으로는 '인증'이 있다. 부업 클래스에서 흔히 찾아볼 수 있는 수익 인증이 대표적이다. 메타META 광고로 돈을 이만큼 벌었으니 내가 전문가라는 식의 입증이다. 하지만 인증을 꼭 통장 잔고가 해줘야 할 필요는 없다. '나'보다 더 뛰어난 제3자의 인증도 큰 힘이 된다. "○○ 백화점 입점!" 같은 카피는 까다로운 심사를 거쳐야만 입점이 가능하다는 이미지를 가진 제3자, 백화점이 대신 인증을 마쳤으니 믿고 사라는 What을 선택한 것이다.

여기서 핵심은 쓰는 사람인 나보다 인증해주는 제3자가 더 유명하고 인지도가 있어야 한다는 점이다. "100만 유튜버가 추천해준 부동산 책"이 공인중개사 자격을 갖추고 중개사무소를 운영하는 '성남시 분당구 분당동의 ××공인중개사 사장님'의 추천보다 더 믿음직스러워 보이는 것과 같은 맥락이다. 이쪽 업계에서는 굉장히 유명한데 고객들은 잘 모르는 제3자일 수도 있다. 이럴 때는 앞서 한식조리기능사 자격증이 아니라 "10명 중 2.5명만 붙는 극악의 난이도"를 가진 자격증이라고 했던 것처럼, 제3자가 얼마나 유명하고 대단한 사람인지 가벼운 수식어를 붙여 설명해주기만 하면 된다.

[Case Study] 제3자의 권위롤 강조하는 법		
Before	**강조 기준**	**After**
프랑스 조향사 ○○○이 직접 조향한 바디워시	제3자의 권위 극대화	프랑스 조향사들의 조향사, ○○○이 직접 참여합니다. 택배 상자를 열기 전부터 느껴지는 향기의 차이.

제3자의 권위를 빌려오는 이유는 고객의 막연한 의심을 확신으로 바꾸기 위해서이다. 이름만 대면 아는 유명인이 아니더라도, 그가 이 업계에서 어떤 위상을 가진 인물인지 한 문장으로 정의해주는 것만으로도 브랜드의 급은 달라진다. '전문가들의 전문가'가 선택하고 설계한 브랜드라는 사실은, 깐깐한 페르소나에게 가장 강력하고 우아한 구매 명분이 되어주는 법이다.

나라는 사람을 드러내는 마지막 What은 이 업계에서 보낸 시간의 합을 부각하는 것이다. "30년 전통의 할머니 순댓국", "40년간 옹기를 빚어오신 할아버지", "3대째 이어져 내려오는 이불집" 모두 시간의 합을 자랑한다.

부모님이 이불집을 운영하지 않는다고 해서 걱정할 필요는 없다. 필자의 부모님 역시 카피라이팅과는 거리가 먼 분들이었다. 이불에 진심인 '나'의 시간을 더 오래되어 보이게 드러내보자. 내가 좋은 이불을 소개하기 위해 그간 투자한 시간의 총합을 떠올려보는 것이다. 만약 1년 9개월 동안 집념을 가지고 개발한 이불이 있다면, 그 숫자를 연, 월, 일 단위로 쪼개고 곱해보자.

[Case Study] 시간의 단위를 쪼개어 What을 강조하는 법		
Before	**강조 기준**	**After**
1년 9개월의 집념으로 탄생한 알러지 프리 이불	시간(Hour) 단위로 환산	**15,336시간 동안 오로지 이불만 생각했습니다.** 1년 9개월의 철저한 준비를 거쳐 마침내 선보이는 알러지 프리 이불

카피를 쓰려는 사람이라면 연, 월, 일을 자유자재로 넘나들 줄 알아야 한다. 1년 9개월이라는 평범한 기간도 시간 단위로 바꾸면

15,000시간이 넘는 어마어마한 정성으로 느껴진다. 또 내가 강조할 수 있는 시간이 꼭 '나'의 시간일 필요는 없다. 함께하는 파트너나 장인들의 시간을 한데 그러모아 어필하는 것도 훌륭한 전략이다.

대표적인 예시가 앞서 살펴본 캐시미어 코트다. 수많은 인디 패션 브랜드들이 코트를 소개하면서 수십 년 된 봉제 공장이나 원단 사장님들과 함께한다며, 자신들의 시간이 아니라 함께해주는 분들의 시간을 내세운다. 그분들의 시간을 연, 월, 일로 바꿔보자. 분명 같은 공장에서 나온 코트여도 더 사고 싶어질 것이다.

[Case Study] 파트너의 시간 단위를 쪼개어 What을 강조하는 법		
Before	**강조 기준**	**After**
30년 경력의 봉제 공장과 함께합니다.	일(Day) 단위로 환산	**1만 일.** **코트 한 벌에 담긴 장인의 세월.** ○○ 코트는 30년 경력의 봉제 공장과 함께합니다. (정확히는 1만 958일이지만, 임팩트를 위해 단위를 마쳤다.)
	시간(Hour) 단위로 환산	**26만 2,000시간.** **○○ 코트 한 벌에 담긴 장인의 시간.** ○○ 코트는 30년 경력의 봉제 공장과 함께합니다. (역시 자잘한 단위는 털어내어 가독성과 리듬감을 살렸다.)

시간은 결코 속일 수 없는 가장 정직한 What이다. 30년이라는 막연한 숫자를 1만 일, 혹은 26만 시간이라는 거대한 덩어리로 시각화해 보여주는 순간, 고객은 그 속에 담긴 장인의 집념과 정성을 온몸으로 체감하게 된다. 설령 당신이 이제 막 시작한 판매자라 할지라도, 제품 하나를 위해 보낸 치열한 며칠의 시간을 '진심'이라는 이름으로 쪼개어보라. 그 시간의 밀도를 증명해내는 순간, 이미 대체 불가능한 유일무이한 브랜드가 되어 있을 것이다.

'그래서-왜냐하면-게다가'로 USP를 배열하라

+ USP로 재 뿌리지 마세요

"왜 약불로 구워요, 진심으로? 강불로 1분이면 되는 거잖아요."
Re: "보일러를 왜 틀까요. 집을 태우면 더 빨리 따뜻해질 텐데."

SNS를 보며 피식 웃었던 유명한 문답이다. 콘텐츠로 먹고사는 직업인이 되고 나니 더 이상 이 말을 웃으며 넘길 수 없게 되었다. 집을 따뜻하게 데우려면 보일러를 켜고, 따뜻해지는 걸 기다리며 수면 잠옷으로 갈아입고, 솜이불 속에 들어가야 하는 일련의 순서가 있는 법이다. 그런데 냅다 집에 불부터 지르려고 하는 초보 판매자들이 생각보다 자주 보이기 때문이다.

우리는 이제 누구에게(Who) 어떤 점을 강조해야(What) 할지 알게 되었다. 그렇다면 그 What을 가장 효율적으로 전달할 수 있는 순서에 맞추어, 제품의 강점들이 굴비처럼 줄줄이 엮여 나와야 한다. 하지만 이 순서를 무시하고, 기껏 공들여 설계한 Who와 What을 뒤로한 채 내가 자랑하고 싶은 순서대로 강점을 나열하는 경우가 너무나 많다. 강점들을 말이 되게 엮는 것과 단순히 나열하는 것은 하늘과 땅 차이다. 아무리 아름다운 보석이라도 제대로 엮여 목걸이가 되어야만 고객들 앞에 전시될 수 있는 것과 같은 이치다.

빛나는 목걸이를 엮어내기 위해서는 일단 내가 가진 보석들이 무엇인지 파악해야 한다. 콘텐츠와 카피라이팅의 세계에서는 이 보석들을 'USP^{Unique Selling Point}'라고 부른다. 쉽게 이야기하면 고객이 지갑을 열게 하는 구체적인 근거들이다. 지갑을 열게 하는 이유라면 앞서 배운 What이 아니냐고 생각할 수 있다. 하지만 USP는 What보다는 그 개념이 조금 더 세부적이다.

[Case Study] 모이사나이트 반지의 What과 USP 설계	
구분	내용
누구에게 (Who)	[페르소나] 다이아몬드의 반짝임은 원하지만 가격은 부담스러운 31살 직장인 홍희 씨. 출근용으로 적당하면서도 품격을 잃지 않는 심플한 주얼리를 찾는 중이다.

무엇을 (What)	캐럿 크기 대비 압도적으로 합리적인 가격
USP (근거)	A. 기본 디자인만 생산하여 공임 비용을 낮춤 B. 심플한 디자인으로 캐럿의 시인성을 극대화함 C. 4C 기준 최고 등급의 모이사나이트만 선별함 D. 18K 도금을 여러 겹 진행해 최상의 컨디션 유지 E. 무상 AS 제공으로 신뢰도 확보
어떻게 (How)	명품관 직원이 조심스레 묻더라고요. 고객님, 그 다이아, 어디서 구매하셨어요?

고객의 지갑을 열 수 있는 가장 강력한 What으로 '합리적인 가격'을 선택했다면, USP A·B·C는 그 가격이 가능한 타당한 근거가 된다. 이 중 A는 가격에 직접적인 영향을 주므로 '직접 USP'라 할 수 있고, B와 C는 '다이아몬드 같은 반짝임'을 보장해주므로 '간접 USP'라 볼 수 있다.

즉, USP는 Who가 반응할 What을 가능하게 해주는 근거들이다. What에 얼마나 깊은 연관성을 갖느냐에 따라 A와 B·C처럼 직접적인 USP와 간접적인 USP로 나뉠 수 있다. 읽는 사람은 직접 USP가 많을수록 더욱 강렬하게 설득당할 수밖에 없다. 예를 들어 '모이사나이트 수입사에서 직접 제작해 판매하기 때문에 저렴하다'는 직접 USP가 하나만 더 들어가도 크기 대비 합리적인 가격에 더욱 큰 힘이 실린다. 마치 저렴한 가격의 한우집에 들어가서 품질이 의심될 때 "한우가 아닐 시 1억 배상!"이 쓰인 현수막보다 "제

건물이라서 임대비가 안 나갑니다"가 쓰인 현수막이 더욱 믿음직스러운 것처럼.

물론 직접 USP와 간접 USP로 구분되지 않는 것들도 있다. 위 사례에서는 D와 E가 그것들이다. 도금의 두께 그리고 ○년 AS 기간은 합리적인 가격과 연관성이 없다. 하지만 가격대가 있는 모이사나이트 반지를 큰맘 먹고 구매하는 Who라면 따져보는 조건들이기도 하다. 이런 USP들을 나는 필수 USP라고 한다. 해당 제품군을 구매하려는 사람들이 반드시 따져보는 것들로, 이불을 구매할 때 세탁이 편한지나 순대국 밀키트를 구매할 때 조리가 간편한지 등이 여기에 해당한다. 정리하면 USP란 보석들은 이렇게 나뉜다.

+ 설득력을 높이는 USP의 3가지 분류

- 직접 USP: What과 직접적인 연관성이 있으며, 많을수록 설득력이 강력해진다.
- 간접 USP: What을 보조하거나 고객의 기대치를 충족시키는 근거다.
- 필수 USP: 해당 제품군을 구매할 때 반드시 따져보는 기본 조건이다. (예: 세탁 편의성, 조리 간편함)

+ **'그래서-왜냐하면-게다가'의 법칙**

초가삼간 다 태우는 보일러로 돌아가보자. 따뜻해지려면 무작정 불을 지르는 게 아니라 순서를 기다려야 하고, 아무리 아름다운 보석이라도 순서에 맞게 엮여야 수억 원을 호가하는 목걸이가 될 수 있음을 앞서 살펴보았다.

그렇다면 내가 기획한 콘텐츠에서 USP들을 어떻게 엮어야 할까? '그래서―왜냐하면―게다가'의 법칙을 기억하면 된다. 홍희 씨의 모이사나이트 반지는 사실 이렇게 치밀하게 기획된 것이다.

[Case Study] 모이사나이트 반지의 USP 배열	
1. 직접 USP (A)	기본 디자인으로만 생산해 공임 비용을 낮췄다.
2. 왜냐하면 (B)	디자인이 심플해야 모이사나이트의 캐럿에 시선이 모이는 효과가 있기 때문이다.
3. 게다가 (C)	최고 등급만 선별하기 때문에 그 자체로 매우 반짝인다.
4. 그래서 (D)	18K 도금을 입혀 처음 컨디션대로 오래 낄 수 있다.
5. 게다가 (E)	무상 AS가 가능해 믿고 맡길 수 있다.

USP를 엮을 때 가장 먼저 나와야 하는 것은 What과 가장 깊은 관련이 있는 '직접 USP'이다. 그다음의 USP는 간접 USP 중, '그래서·왜냐하면·게다가' 중 한 가지로 이어질 수 있는 USP여야 한다. 예를 들어 A 다음에 D가 나오면 어떻게 될까? 어떤 것으로 이으려 해도 어색해진다. 적합한 순서가 아닌 것이다. 만약 순서가 꼬이면 읽는 사람은 설득당하기 전에 피로감을 느낀다. 이처럼 USP는 단

독으로 고려되는 존재가 아니다. 다른 USP들과의 관계를 통해 자신에게 가장 잘 어울리는 위치를 찾아야 한다. 왜 그럴까?

1. 가장 효율적으로 내게 매출을 안겨줄 고객들이
2. What을 가장 쉽게 받아들일 수 있는 순서대로 USP를 설명할 때
3. 최고의 효율이 발생하기 때문이다.

아무리 고급 보석이라도 무작위로 엮으면 그냥 구슬 꿰기에 불과하지만, 빛의 반사각까지 고려해 순서를 정하면 예술 작품이 된다. What이라는 중심 보석을 가장 빛나게 해줄 수 있는 순서, 그것이 바로 '그래서—왜냐하면—게다가'의 법칙이다. What 없이 USP만 나열하면 그저 지루한 스펙 나열이 되고, USP 없이 What만 외치면 근거 없는 주장이 된다. 하지만 이 둘이 자연스럽게 엮일 때, 읽는 사람은 비로소 "아, 그래서 이 가격이 가능하구나"라며 고개를 끄덕이게 된다.

이것이 바로 우리가 Who—What—How 순서를 지키고, 그 안에서 다시 USP의 순서를 따져야 하는 이유다. 이제 좀 더 확실하게 느껴지는가? 카피는 감각만으로 쓰일 수 없다는 것을.

주변에서 눈치 빠르다는 이야기 좀 들어본 분들이라면 모이사나이트 반지의 USP를 읽을 때 이 사실을 알아차렸을 것이다. 모이사나이트 반지의 USP A를 다시 보자. "반지의 가장 기본이 되는 디자인으로만 생산하기 때문에 공임 비용을 낮췄다"를 읽은 고객이 지갑을 여는 이유는 무엇일까? 공임 비용을 낮춤으로서 찾아온 합리적인 가격 때문이다.

[Case Study] 스펙을 '변화'로 바꾸는 USP 작성법	
USP	**고객 삶에 찾아올 (간접) 변화**
공임 비용을 낮춘 디자인	결국 가격이 합리적이다
심플한 디자인	큼직한 캐럿에 시선이 쏠려 우월감을 준다
최고 등급 모이사나이트 선별	진짜 다이아몬드와 구분이 가지 않는다
18K 다중 도금	변색 걱정 없이 새것처럼 오래 즐길 수 있다

직접 USP든 간접 USP든 필수 USP든, 모든 USP는 제품의 특장점만 나열해선 안 된다. 그 특장점 덕분에 고객의 삶에 어떤 변화가 찾아오는지까지 담아야 한다. 그 변화는 다시 직접 변화와 간접 변화로 나뉘고, 고객들은 직접 변화보다는 간접 변화에 혹해서 지갑을 연다. 따라서 나의 What을 빛내줄 제대로 된 USP를 도출해내고

싶다면 '특장점 + 간접 변화' 구조를 포함시키면 좋다.

[Case Study] 특장점과 변화를 결합한 USP	
USP	반지의 가장 기본이 되는 디자인으로만 생산하기 때문에 **가격이 합리적이다**
	심플한 디자인 덕분에 큼직한 캐럿에 **시선이 더욱 모인다**
	다이아몬드 평가 기준에 맞는 4C에 맞춰 최고 등급의 모이사나이트만 선별하기 때문에 **진짜 다이아몬드와 구분이 가지 않는다**
	모이사나이트의 품격에 맞는 18K 도금을 O겹 진행해 **처음 컨디션대로 오래 낄 수 있다**
	O년 무상 AS로 혹시라도 **수선이 필요하면 믿고 맡길 수 있다**

고객은 제품을 사는 것이 아니라, 그 제품이 가져다줄 미래를 구매한다. 앞서 강조했듯, 우리는 드릴이 아니라 '액자를 걸 구멍'을 팔아야 한다. 무선청소기의 '2,500mAh 배터리'는 스펙일 뿐이다. 고객이 진짜 사는 것은 '끊김 없이 방 세 개를 한 번에 청소하는 편리함'이다. 블루투스 이어폰의 '역위상 음파 기술' 대신, '출근길 지하철에서도 오직 음악에만 몰입하는 순간'을 팔아야 한다.

그러니 USP를 쓸 때마다 스스로에게 물어보자. "이 스펙이 고객에게 어떤 '현실적인 변화'를 주는가?" 이 질문에 대답할 수 없다면 그것은 USP가 아니라 아무도 궁금해하지 않는 지루한 스펙 나열일 뿐이다.

4가지
팔리는 문장 쓰기의
기초

실패는 도전에 견디지 못한다.
성공한 후에는 당신의 모든 실패는 자랑이 될 것이다.

_ 김승호, 『사장학개론』

무작정 쓰지 마라,
카피에도
목적지가 있다

+ **카피의 종류부터 알아야 카피를 쓴다**

이미 Who를 정했고 What도 골랐다. What을 돋보이게 할 USP들도 전부 정했다. 그렇다면 이제 본격적인 실전이다. 매출을 올려줄 고객들에게 'What'을 매력적으로 어필하기만 하면 된다. 즉, 이제 How만 남은 것이다!

그런데 여기서 많은 사람들이 실수한다. '일단 써보고 고치면 되지 뭐' 하며 흰 화면에 떠오르는 대로 카피를 쓰기 시작하는 것이다. 물론 좀비처럼 앉아서 멍하니 흰 화면을 들여다보는 것보다는 낫지만, 결과는 그리 신통치 않을 것이다. 감각에 의존해 멋진 표현을 찾아 헤매다가, 유튜브에 '카피 쓰는 법'이나 '요즘 트렌드 카피'를 검색해 영상 두어 개를 보다 나도 모르게 쇼츠의 세계에 빠져들어 3시간이 지나도 한 줄 제대로 완성 못 하고 '나는 카피 재능이 없나 봐'라며 좌절한다. 재능이 없는 게 아니다. 정신줄 놓고 쇼츠를 너무 많이 본 탓도 있고, 방법을 모르는 탓도 있다.

가장 먼저 카피에도 종류가 있다는 사실부터 알고 가야 한다. 네비게이션을 100% 활용하기 위해서는 일단 도착지부터 정해야 하는 것과 마찬가지다. 내가 지금부터 쓰려는 카피가 기능을 설명하기 위함인지 고객의 마음을 흔들기 위함인지를 알아야 가장 적합한 카피 공식을 적용할 것 아닌가? 마찬가지로 제품이나 서비스의 원리를 설명해야 할 때 쓰는 카피와, 그 원리들 덕분에 고객에게 찾아갈 변화를 설명해야 할 때 쓰는 카피는 접근 방식부터가 완전히 달라진다.

이 구분 없이 일단 쓰고 보는 건 목적지도 모른 채 차에 시동을 거는 것과 같다. 어디로 가야 할지 모르니 계속 제자리를 맴돌 뿐이다. (그리고 자꾸 쇼츠의 유혹에 빠진다.) 카피의 종류를 정확히 구분할 줄 알아야 비로소 흰 화면 앞에서 3초 만에 시동을 걸고 출발할 수 있다. 자, 안전벨트 꽉 매자.

기능을 알리는 카피: 제품의 스펙을 써라

+ **[어떤 카피인가?] '무엇을 할 수 있는지'를 보여준다**

첫 번째 카피의 종류는 '기능을 알리는 카피'다. 이 '기능 카피'는 말 그대로 내 제품이나 서비스가 뭘 할 수 있는지를 설명하는 것이다. 블루투스 이어폰이라면 "노이즈 캔슬링이 된다"; 무선청소기라면 "60분 연속 사용이 가능하다"; 텀블러라면 "6시간 동안 차갑게 유지된다"와 같이 제품의 스펙과 기능을 있는 그대로 보여준다.

다만 한 가지 기억할 점이 있다. 고객은 드릴이 아니라 액자를 걸 구멍에 돈을 쓴다는 사실이다. 6시간 동안 차갑게 유지된다는 기능은 아침에 싸 온 아이스 아메리카노가 점심 때까지 시원해서

식곤증을 번쩍 깨울 수 있었다는 고객의 변화와 항상 짝을 이룬다.

이 특성 덕분에 USP를 서술할 때 가장 많이 활용되는 종류가 이 '기능 카피'이기도 하다. 직접 변화든 간접 변화든 변화를 만들어낸다는 것은 결국 우리 제품·서비스가 어떤 기능을 할 수 있기 때문이다. 하다못해 귀여운 이모티콘마저 누군가의 '기분을 풀어'준다. 그래서 세상 가장 가성비 넘치는 스트레스 풀이가 가능하다는 변화를 언급할 수 있는 것이다.

+　　　　　　　　　**[왜 쓰는가?] 고객은 궁금한 게 없어야 한다**

기능 카피가 없으면 고객은 혼란에 빠진다. 아무리 감성적인 카피로 마음을 울려도, 정작 이 제품이 무엇을 하는지 모르면 지갑은 열리지 않는다. 극단적으로 말해서 "당신의 하루를 특별하게"라는 말만 백 번 들어봤자, 그게 텀블러인지 다이어리인지 향수인지 알 수 없다면 구매 버튼을 누를 이유가 없는 것이다. 하다못해 랜덤 박스를 구매할 때에도 그 안에 들어있는 제품들이 대략 어느 종류인지를 알려주지 않는가.

이 텀블러를 사서 내 하루가 특별해진다는 점은 알겠는데, 도대체 어떻게 해서 그걸 가능하게 해주는지를 알지 못하면 지갑은 열리지 않는다. 아무리 예쁜 텀블러일지라도 '얼음 지속 시간은 얼마나 되나요?'에 대답하지 못하면 나조차도 여러분의 텀블러를 사고 싶지 않을 것이다. 그러니 내가 어떤 제품이나 서비스를 팔든 기능을 알리는 카피는 필수다.

+ **[어떻게 쓰는가?] 세 문장 구조로 쓴다**

기능 카피의 중요성을 이해했다면, 이제는 이를 실제 문장으로 구현할 차례이다. 좋은 재료가 있어도 요리법이 서툴면 맛을 낼 수 없듯이, 기능 카피 역시 고객의 뇌리에 박히는 명확한 설계도가 필요하다. 무작정 스펙을 나열하는 대신, 다음의 '세 문장 구조'를 활용해 설득의 논리를 완성해보자.

— **첫 번째 문장: 핵심 기능을 한 줄로 압축한다**

한 번에 하나씩만 말해야 한다. 고객은 동시에 여러 기능을 궁금해하지 않는다. 얼음이 얼마나 지속되는지 궁금증이 풀린 뒤에야 용량을 알고 싶어하지, 얼음 지속 시간과 용량과 보온 가능 여부와 식기세척기 사용 가능 여부를 동시에 궁금해하지 않는단 말이다. 여러 개를 나열하지 않는다. 하나만 고른다.

이 한 줄은 숫자와 함께 나올 때 더 강력해진다. '오래간다'보다 "최대 60분 지속"이, '물에 강하다'보다 "IPX7 방수 등급"이, '면 100%'보다 "코마사 60수 면 100%"가 훨씬 명확하다.

두 번째 문장: 그 기능을 왜 선택했는지 알려준다

왜 하필 무선 청소기를 60분 지속되게 설계했는가? 왜 수많은 방수 등급 중 IPX7인가? 왜 하필 60수 면인가? 어떤 기능 한 가지를 탑재하기 위해 개발자들은 인생을 갈아 넣었다. 개발자가 아니라 유통에 중점을 둔 판매자일지라도, 여러 기능 중 '하필 그 기능'에 마음이 동해서 판매를 결정하기도 한다. 즉, 왜 하필 이 기능을 선택했는지 들려줘야 한다. 기능을 설명하는 곳들은 흔하디 흔하다. 고객은 그 기능을 선택한 브랜드의 기준을 궁금해한다.

세 번째 문장: 고객이 얻는 결과를 보여준다

기능은 수단이다. 고객이 원하는 건 결과다. 60분 연속 사용이 가능하면 결론적으로 고객은 방 세 개를 한 번에 청소할 수 있다. 마지막 세 번째 문장은 기능을 고객의 일상으로 변환해줘야 한다.

이 세 문장은 제품의 스펙에서 시작해 고객의 혜택으로 끝나는 완벽한 논리적 고리를 형성한다. 단순히 기능을 나열하는 데 그치지 않고, 그 기능이 왜 존재하며 고객의 삶을 어떻게 바꾸는지까지 설명할 때 기능 카피는 비로소 제 역할을 다하게 된다. 주의할 점은 세 번째 문장에서 갑자기 추상적인 감성으로 넘어가서는 안 된다는 것이다. '당신의 삶이 달라집니다' 같은 모호한 말 대신, 고객이 자신의 일상에서 제품을 사용하는 모습을 생생하게 상상하게 만드는 구체적인 변화를 담아야 한다.

원리를 알리는 카피:
왜 가능한지
증명하라

+   **[어떤 카피인가?] '어떻게 작동하는지'를 설명한다**

'원리를 알리는 카피'는 우리 제품이나 서비스가 어떻게 작동하는지를 설명한다. 텀블러라면 "진공 이중 단열 구조로 온도를 유지한다", 화장품이라면 "나이아신아마이드 성분이 멜라닌 생성을 억제한다", 무선청소기라면 "사이클론 방식으로 먼지를 분리한다" 등이 대표적인 예이다.

기능을 알리는 카피가 '뭘 할 수 있는지'를 말한다면, 원리 카피는 '왜 그게 되는지'를 말한다. 6시간 동안 차갑게 유지된다는 기능 뒤에는 진공 이중 단열 구조라는 원리가 있고, 4주 만에 기미가 옅어진다는 기능 뒤에는 나이아신아마이드 고함량 배합이라는 원리가 숨어 있다. 원리를 설명하는 카피는 종종 기능을 알리는 카피의 강력한 근거가 되어주기도 한다.

다만, 원리를 설명한다고 해서 공학박사 논문을 쓰란 뜻은 아니다. 고객은 진공 단열의 열역학적 원리가 궁금한 게 아니며(나도 궁금하지 않다), '그래서 아침에 넣은 얼음이 점심까지 가는구나'를 대충 이해하고 싶을 뿐이다. 나이아신아마이드가 티로시나아제 효소를 억제하는 생화학 반응식을 알고 싶은 게 아니라(나도 알고 싶지 않다), 이 화장품이 기미를 옅게 만들어준다고 호언장담하는 근거를 알고 싶은 것이다. 고객이 이해할 수 있는 선에서, 기능을 믿게 만드는 최소한의 설명 정도면 충분하다. 우리는 우리의 동료나 팀원을 상대로 글을 쓰는 게 아니라 고객을 상대로 쓰고 팔리는 카피를 쓰고 있다는 점을 잊어선 안 된다.

[왜 쓰는가?] 뭘 하는지만 주장하면 고객은 의심한다

"4주 만에 기미가 옅어져서 미용실 거울 앞이 두렵지 않게 됩니다."

좋다. 하지만 어떻게? 기능만 던지면 고객은 의심한다. 특히 요즘처럼 과대광고가 난무하는 시대에는 더더욱 그렇다. "4주 만에 기미 개선"이라고 써놓고 막상 발라보니 아무 변화 없는 화장품을 수도 없이 경험한 고객들이기 때문이다. 그래서 원리를 설명하는 카피가 필요하다.

"나이아신아마이드를 5% 고함량으로 배합해 기미가 옅어집니다"까지만 말하면 화장품 연구원이 아닌 고객은 당연히 '어째서?' 하고 궁금증이 생길 수밖에 없다. 나이아신아마이드가 식약처에 정식으로 등록된 미백 기능성 원료이고, 피부 깊은 곳에서 멜라닌이 만들어지는 과정에 관여한다는 원리를 간단히만 알려줘도 고객은 우리를 더욱 신뢰하게 된다.

더 나아가 '원리 카피'는 브랜드를 전문적으로 보이게 만든다. "그냥 좋아요!"만 외치는 브랜드와 "진공 이중 단열 구조로 열 전달을 차단합니다"라고 설명하는 브랜드, 어느 쪽이 더 전문적이고 믿음직스러운가? 원리를 아는 브랜드는 자기 제품을 제대로 아는 브랜드처럼 보인다. 그리고 고객은 그런 브랜드에 기꺼이 지갑을 연다.

+ **[어떻게 쓰는가?] 세 문장 구조로 쓴다**

기능이 '약속'이라면, 원리는 그 약속을 뒷받침하는 '근거'이다. 똑똑해진 고객들은 이제 '좋다'는 말만으로 지갑을 열지 않는다. 어떤 메커니즘으로 결과가 도출되는지 논리적으로 납득시켜야 한다. 원리 카피는 제품의 전문성을 입증하는 가장 강력한 수단이 된다.

첫 번째 문장: 핵심 원리를 한 줄로 압축한다

고객이 가장 궁금해하는 기능의 원리. 그것부터 던진다. 텀블러라면 '진공 이중 단열 구조'일 수도 있고, 화장품이라면 '나이아신아마이드 5% 배합'일 수도 있다. 여러 원리를 나열하지 말고 하나만 고르자.

이 한 줄은 전문 용어를 구체적으로 언급할 때 더 신뢰를 준다. '이중 구조'보다 "진공 이중 단열 구조"가, '미백 성분'보다 "나이아신아마이드 5%"가, '특수 원단'보다 "Gore-Tex 방수 투습 원단"이 훨씬 전문적으로 들린다. 단 너무 어려운 용어는 피한다. 고객이 이해 못 하면 의미 없기 때문이다. "열역학 제2법칙에 기반한 진공 단열층 적용"이라고 말하지 말란 거다.

두 번째 문장: 그 원리의 작동 방식을 쉽게 설명한다

첫 번째 문장의 원리를 고객이 이해할 수 있게 번역해야 한다. 너무 기술적일 필요는 없다. 고객은 과학자가 아니다. 하지만 "거참, 진득하게도 캐묻네. 잘 된다니까요? 한두 번 사봐요?"도 곤란하다. 최소한 "아아, 그래서!" 하고 감탄사를 뱉으며 수긍할 수 있는 최소한의 작동 방식은 보여줘야 한다.

예를 들어, '진공 이중 단열 구조' 뒤에는 "두 층 사이의 진공 공간이 열전달을 차단해 온도를 오래 유지합니다"가 따라와야 한다. '나이아신아마이드 5% 배합' 뒤에는 "멜라닌 생성을 억제하는 나이아신아마이드를 식약처 최대 허용 농도로 담았습니다"가 붙으면 충분하다. 고객이 고개를 끄덕일 수 있는 선에서, 원리의 작동 방식을 보여주는 게 핵심이다.

_ 세 번째 문장: 그래서 고객이 얻는 결과를 보여준다

원리는 수단일 뿐이다. 세 번째 문장에서는 고객이 얻을 수 있는 결과를 보여준다. 진공 이중 단열 구조라면 "출근길에 담은 아이스 아메리카노가 퇴근할 때까지 시원하다"라거나, 나이아신아마이드 5% 배합이라면 "4주 사용 시 기미가 옅어진 걸 육안으로 확인할 수 있다"처럼 원리를 고객의 일상으로 치환해 보여주는 게 핵심이다.

다만 앞서 '기능을 알리는 카피'에서도 살펴봤듯이 이 변화가 너무 추상적이지 않은지 혹은 과장되지 않았는지 점검이 필요하다. 고객들은 미백 기능성 성분이 들어간 화장품을 몇 번 바른다고 해서 40대 피부가 10대 피부로 돌아갈 거라고 기대하지 않으니까.

이처럼 '원리 카피'는 전문가처럼 보이되, 설명은 누구나 이해할 수 있을 만큼 쉬워야 한다. 어려운 용어를 뽐내는 것이 목적이 아니라, 고객이 '아, 그래서 효과가 있겠구나'라고 무릎을 치게 만드는 것이 본질임을 잊지 말자. 고객은 기적보다는, 논리적인 신뢰를 바탕으로 합리적인 기대를 하고 싶어 하기 때문이다.

변화를 알리는 카피: 고객의 미래를 설계하라

+ **[어떤 카피인가?] 전후의 차이를 선명하게 보여준다**

기능을 알리는 카피가 '뭘 할 수 있는지'를 말하고, 원리를 설명하는 카피가 '어떻게 그게 되는지'를 설명한다면, 변화를 담는 카피는 '그래서 고객의 삶이 어떻게 바뀌는지'를 보여준다. 6시간 동안 차갑게 유지된다는 기능이나 진공 이중 단열 구조라는 원리도 결국은 '출근길 아이스 아메리카노가 퇴근 때까지 시원하다'라는 변화를 만들기 위한 수단일 뿐이다. 즉, 변화 카피는 무미건조한 기능과 원리를 고객의 일상으로 구체화해주는 역할을 한다.

고객은 텀블러 하나로 인생이 바뀔 것이라고 기대하지 않으며,

화장품 하나로 모든 고민이 해결될 것이라고 믿지도 않는다. 따라서 변화 카피는 일상적이고 구체적인 순간의 변화를 담아야 한다. 과거 "서울사이버대학을 다니고 나의 성공시대 시작됐다"라는 가사가 인터넷 밈이 된 이유는 현실과 동떨어진 너무 거대하고 거창한 변화를 담았기 때문이 아닐까? "퇴근 때까지 커피가 시원하다"; "미용실 거울 앞도 두렵지 않다"; "카피를 쓰는 게 쉬워졌다" 같은 작지만 확실한 변화면 충분하다.

+   [왜 쓰는가?] 기능과 원리보다 강력한 '감정의 방아쇠'

변화를 알리는 카피가 필요한 이유는 기능과 원리만으로는 고객의 마음이 움직이지 않기 때문이다. 결국 액자를 걸 구멍 하나 때문에 수십만 원 상당의 드릴 풀세트를 사는 게 고객이다.

"출근길에 담은 아이스 아메리카노가 점심 때까지 시원하다"라는 변화를 보여주면, 고객은 '오, 아침에 샷 4개짜리 사서 하루 종일 마시면 되겠네? 점심 커피값 굳었다, 개이득'을 외치며 머릿속으로 계산을 끝내고 구매를 결심한다. 몇 번 들고 다니다 귀찮아서 선반에 쌓여 있는 텀블러가 여러 개일지라도 상관없다. 커피값을 아껴보겠다며 텀블러를 샀다가 결국 점심 먹고 돌아오는 길에 2,500원짜리 테이크아웃 전문 커피를 습관처럼 사 들게 됐어도 뭐 어떤가. 이미 마음이 움직였는데.

더 나아가 변화를 담는 카피는 우리가 앞서 배운 '페르소나의 1초'를 자극한다. 기미가 신경 쓰여 미용실 거울 앞에서 움츠러드는 1초, 밥을 안 먹는 연년생 남매 때문에 울고 싶던 1초, 늦잠 잔 날 뭐 입을지 고민하는 1초 등이다. 변화 카피는 바로 그 1초를 정면으로 건드린다. "어제도 그랬지!" 하며 고객이 그 1초에 공감하는 순간, (비록 텀블러가 쌓여 있을지라도) 고객은 홀린 듯 구매 버튼을 누르게 된다.

+   **[어떻게 쓰는가?] 세 문장 구조로 쓴다**

변화 카피의 핵심은 고객이 겪고 있는 현재의 '불편'을 우리 제품이 가져다줄 미래의 '편안'으로 치환하는 데 있다. 단순히 좋다는 주장이 아니라, 고객이 머릿속으로 자신의 달라진 일상을 생생히 그리게 만들어야 한다. 이를 위해 다음의 3단계 구조를 활용해보자.

첫 번째 문장: 제품이 없어 겪었던 불편한 순간을 포착한다

변화(after)를 말하려면 선행되어야 하는 것은 '변화 전(before)'의 모습이다. 괜히 온갖 화장품 브랜드들이 비포&애프터 사진을 필수로 갖추고 있는 게 아니다. 고객이 지금 어떤 불편함을 겪고 있는지, 어떤 순간에 짜증이 나는지를 구체적으로 던진다. 텀블러라면 '아침에 싸온 커피의 얼음이 다 녹아 맹탕이 되어 어쩔 수 없이 새

커피를 사는 순간'일 수도 있고, 화장품이라면 '미용실 거울 앞에서 기미가 너무 보여서 고개를 숙이는 순간'일 수도 있다.

이 순간은 구체적일수록 좋다. '얼음이 빨리 녹아서 불편하다' 보다 "점심시간에 미지근한 커피를 억지로 마시다가 결국 테이크 아웃 커피를 산다"가 훨씬 와닿는다. 페르소나의 1초를 떠올리면 쉽게 접근할 수 있다.

_ 두 번째 문장: 제품 덕에 그 순간이 어떻게 반전되는지 보여준다

앞서 던진 불편한 순간이 우리 제품·서비스 덕분에 어떻게 바뀌는지를 보여준다. "점심시간에도 출근길처럼 시원한 커피를 마신다", "미용실 거울 앞에서도 당당히 고개를 든다"처럼 구체적인 변화를 그려준다.

_ 세 번째 문장: 그 변화가 일상에서 지속된다는 확신을 심어준다

(구매 후 어떻게 사용하는지에 따라 다르긴 하겠지만) 적어도 구매하는 시점에 고객은 자신이 기대하는 변화가 일회성에 그칠 것이라고 상상하지 않는다. 고객은 출근할 때마다 텀블러를 들고 뉴요커처럼 걷는 모습을 상상하고 있다. 그러니 변화를 담는 마지막 문장은 그 변화가 일상이 된다는 사실을 보여줘야 한다. "이제 점심시간마다 테이크아웃 커피 전문점 앞에 줄을 서서 발을 동동 구르며 기다릴 필요가 없다"처럼 두 번째 문장의 변화가 지속 가능함을 어필하면 된다.

이 세 문장은 고객의 고통에 공감하는 것에서 시작해, 우리 제품이 그 고통을 해결해줄 유일한 열쇠임을 입증하며 마무리된다. 주의할 점은 세 번째 문장에서 고객의 기대를 지나치게 부풀려서는 안 된다는 것이다. 텀블러 하나로 뉴요커가 된다는 확신보다는, 매일 아침 반복되던 사소한 짜증이 사라지는 '하루의 평안'을 보여주는 것이 훨씬 더 강력한 구매 동기가 된다.

마음을 만지는 카피:
고객의 진심을 건드려라

+ **[어떤 카피인가?] 고객의 감정을 정조준한다**

기능을 알리는 카피가 '뭘 할 수 있는지'를 말하고, 원리를 설명하는 카피가 '어떻게 그게 되는지'를 말하고, 변화를 담는 카피가 '그래서 고객의 삶이 어떻게 바뀌는지'를 말한다면, 마음을 만지는 공감 카피는 '당신도 그렇지 않나요?'를 묻는다. 논리는 잠시 접어두고 감정으로 접근하는 것이다.

"진공 이중 단열 구조로 6시간 동안 보냉됩니다"는 기능을 알리는 카피다. "두 층 사이의 진공 공간이 열전달을 차단합니다"는 원리를 설명하는 카피다. "출근길에 담은 아이스 아메리카노가 점심 때까지 시원합니다"는 변화를 담아낸 카피다. 그렇다면 마음을 만지는 카피는 무엇일까? 바로 "또 미지근한 커피 마시며 오후를 버티실 건가요?"이다. 고객의 불편한 순간을 건드리고, 그 순간의 감정을 수면 위로 끄집어내는 것이다.

그래서 마음을 만지는 가장 쉬운 방법은 질문이다. "~하지 않나요?", "~하고 싶지 않으세요?", "~한 적 없나요?" 같은 질문들은 고객에게 당장의 답을 요구하지 않는다. 우리도 진짜 궁금해서 물어본 게 아니듯, 고객 역시 '하, 어떻게 이렇게 내 마음을 잘 알지?' 하며 내가 쓴 콘텐츠에 집중하게 된다.

만약 그 집중력을 단숨에 깨고 싶다면 마음을 아주 거대하게 만져주면 된다. 마음을 만지는 카피를 쓴다고 하면 많은 사람들이 착각하곤 한다. '감성 카피 쓰면 되겠네?' 하면서 "당신의 하루가 특별해집니다", "소중한 순간을 담아내세요", "일상에 작은 행복을" 같은 모호한 말을 쏟아낸다. 냉정하게 말해 그것은 "외로운 당신… 우리 텀블러가 구원해줄게요★" 같은 공허한 감성팔이일 뿐, 그 누구의 마음도 만져줄 수 없다.

감성과 감정은 다르다. 감성은 막연하고 추상적이다. "특별한 하루", "소중한 순간", "작은 행복" 같은 말들은 예쁘긴 한데 아무 의미가 없다. 누구나 쓸 수 있는 말이고 그렇기에 누구에게도 통하지 않는다. 반면 감정은 구체적이고 날카롭다. 짜증, 부끄러움, 조바심, 불안, 여유, 만족, 후회, 안도, 억울함, 민망함, 설렘, 자신감, 홀가분함, 뿌듯함 등이 바로 그것이다. 이런 감정들은 특정한 사람이 특정한 순간에 느끼는 것이며, 우리는 이미 Who단계에서 페르소나와 페르소나의 1초를 전부 도출해냈다.

고객은 외로움을 해결해주는 텀블러까지는 바라지 않는다. 커피가 미지근하지 않아서 오후 업무를 쾌적하게 시작할 수 있으면 그걸로 충분하다. 마음을 만지는 카피는 거창한 감동이 아니라 작은 공감이 핵심이다. "또 미지근한 커피 마시며 버티실 건가요?"라는 질문에 "개싫죠…"와 같은 일상적인 반응을 끌어내면 그걸로 충분하다.

+　　　　　**[왜 쓰는가?] 마지막 1%의 망설임을 확신으로 바꾼다**

변화까지 보여줬는데 고객이 자꾸 이탈한다면 마음을 매만져봐야 한다. 구매 버튼을 누르게 만드는 최종적인 방아쇠는 결국 마음이기 때문이다.

나아가 마음을 어루만지는 카피는 브랜드를 기억하게 만든다. "6시간 보냉"은 기억에 남지 않는다. 다른 텀블러도 다 비슷하게 말하기 때문이다. 상향 평준화된 시장에서 기능이나 원리로 차별화를 두기란 정말 어렵다. 반면 "또 미지근한 커피 마시며 버티실 건가요?"는 기억에 남는다. 드디어 나를 알아주는 브랜드를 만난 듯한 기분이 든다. 구매 버튼으로 자꾸 마음이 기울고, 당장 사지 않더라도 텀블러가 필요해질 때 우리 브랜드를 제일 먼저 기억해낼 수 있다.

결국 마음을 만지는 카피는 브랜딩과 연결될 수밖에 없다. 브랜딩에 탁월한 브랜드일수록 페르소나의 1초를 어루만지는 데 집착하는 이유가 여기에 있다.

공감 카피의 핵심은 '나만 이런 게 아니었구나'라는 안도감을 주는 데 있다. 논리적인 설명이 끝난 뒤에도 여전히 남아 있는 고객의 심리적 저항을 허물기 위해, 다음의 3단계 구조를 활용해보자.

첫 번째 문장: 고객이 겪는 불편한 감정을 건드린다

변화를 담는 카피에서는 '불편한 순간'을 보여줬다면, 마음을 만지는 카피에서는 '불편한 감정'에 집중한다. 텀블러라면 "또 미지근한 커피를 마시며 오후를 버텨야 한다는 짜증"일 수도 있고, 화장품이라면 "미용실 거울 앞에서 기미 때문에 위축되는 부끄러움"일 수도 있다.

이 첫 문장은 질문으로 던질 때 더 강력하다. "미지근한 커피, 좋아서 마시나요?"처럼 고객에게 직접 물어보는 것이다. 고객은 "아니요"라고 대답하고 싶어진다. 그리고 그 "아니요"가 구매로 이어진다.

— 두 번째 문장: 그 감정에서 벗어날 수 있다는 기대감을 준다

첫 문장에서 건드린 불편한 감정을 우리가 해결해줄 수 있다는 걸 암시한다. 너무 직접적으로 말할 필요는 없다. "우리 텀블러 사세요!"라고 직접적으로 외치는 것뽀다 "이제 오후에도 시원한 커피를 마실 수 있습니다"라고 세련된 방식으로 해결책을 제시하는 것이다.

— 세 번째 문장: 그래서 고객이 느낄 감정을 보여준다

두 번째 문장의 기대감이 현실이 됐을 때 고객이 느낄 감정의 모습을 그려준다. "점심시간이 끝날까 봐 발을 동동 구르며 테이크아웃 커피 전문점 앞에 줄 서 있을 필요가 없습니다"처럼 부정적인 감정이 해소된 걸 보여줘도 되고, "커피를 사러 갈 필요가 없으니 점심시간이 더 여유로워집니다"처럼 긍정적인 감정의 등장을 제시해도 된다.

마음을 만지는 카피는 단순히 예쁜 문장을 나열하는 것이 아니다. 고객이 숨기고 싶어 하거나 미처 깨닫지 못했던 감정을 수면 위로 끌어올려, 우리 제품이 그 감정의 해방구가 될 수 있음을 보여주는 과정이다. 변화를 담는 카피가 '상황의 변화'를 보여준다면, 마음을 만지는 카피는 '감정의 변화'를 보여주는 것이 미세한 차이점이다. 이 단계에서 고객은 비로소 제품이 아닌 '자신을 알아주는 브랜드'를 구매하게 된다.

카피 믹스로 '팔리는 문장'을 설계하라

4가지 카피가 모여야 콘텐츠가 된다

기능을 알리는 카피만 쓴다면 아무도 읽지 않는 제품 설명서와 다를 바 없다. 원리를 설명하는 카피만 쓴다면 아무도 들고 다니지 않는 지루한 전공 서적이 된다. 변화를 담는 카피만 쓰면 근거 없는 주장이 되어 아무도 들어주지 않으며, 마음을 만지는 카피만 쓰면 아무도 궁금해하지 않는 일기가 될 뿐이다.

그렇기 때문에 좋은 콘텐츠는 이 네 가지 카피를 적절히 섞어내야 한다. 마음을 만지는 카피가 고객의 호기심을 자극하면, 기능을 알리는 카피가 그 변화의 근거가 되어준다. 이어 원리를 설명하는 카피가 신뢰를 한 번 더 굳히고, 마지막으로 변화를 담는 카피가 구매 버튼을 누르도록 고객의 등을 살짝 밀어주는 것이 콘텐츠의 기본 설계도이다.

[Case Study] 캠핑 이불로 보는 4가지 카피의 완벽한 믹스		
카피 종류	적용 예시	효과
마음을 만지는 카피	캠핑만 가면 새벽에 추워서 깨시죠? 심지어 한여름에도 말이에요.	페르소나의 1초 (불편한 감정) 공감
기능을 알리는 카피	이불은 덥고 아무것도 안 덮기엔 애매할 때, 딱 5도 더 따뜻하게 해주는 캠핑 이불.	해결책이 되는 핵심 기능 제시
원리를 설명하는 카피	초극세사 원단이 공기층을 촘촘하게 가둬 보온력을 극대화합니다.	기능을 뒷받침하는 논리적 근거
변화를 담는 카피	이젠 새벽까지 푹 주무세요. 집에서 잘 때보다 텐트 속 아침이 더욱 개운할걸요?	제품 사용 후 맞이할 구체적 미래

이처럼 네 가지 카피가 조화를 이룰 때 고객은 논리적으로 납득하고 감성적으로 동요하며 구매라는 결론에 도달한다. 각 카피는 독립적으로 존재하는 것이 아니라, 굴비처럼 엮여 하나의 단단한 설득 시나리오를 완성하는 법이다.

꼭 앞에서 제시한 순서를 고집해야 한다는 법은 없다. 서비스는 주는 사람 마음이듯 카피라이팅도 마찬가지이다. 철저히 쓰는 사람 마음에 달렸다. 완전히 반대 순서로 써보고 싶은가? 상관없다. 바로 연습해보자. 혹은 기능과 원리 설명 중 하나를 과감하게 생략하거나 특별히 내세우고 싶은가? 고객이 제품을 이해하는 데 문제 되지 않는다면 어떤 방식이든 상관없다. 심지어 한 줄만 써도 충분할 때가 있다.

중요한 것은 내가 카피를 쓰는 이유, 곧 목적지를 정확하게 알고 잊지 않는 것이다. 예를 들어 매체 광고(Meta 등)에 돌릴 이미지 소재를 제작하는데 네 문장을 촘촘하게 써넣을 수는 없지 않은가. 광고의 목적이 어디까지나 클릭이기 때문에, 그럴 때에는 변화를 담는 카피를 광고로 보여주고 클릭 후 랜딩 페이지에서 남은 세부 정보들을 기능을 알리는 카피와 원리를 설명하는 카피들로 채워 넣는 것이 올바른 선택이다.

1단계(마음을 만지는 카피): 고객의 불편한 순간이나 감정을 건드린다.

2단계(기능을 알리는 카피): 그 문제를 해결하는 핵심 기능을 제시한다.

3단계(원리를 설명하는 카피): 왜 그 기능이 가능한지 근거를 댄다.

4단계(변화를 담는 카피): 고객의 일상이 어떻게 바뀌는지 보여준다.

이제 배운 내용을 내 제품에 직접 적용해볼 차례이다. 처음부터 문장이 매끄럽게 연결되지 않아도 괜찮다. 일단 네 가지 재료를 식탁 위에 올려둔다는 기분으로 가볍게 적어보자. 쓰다 보면 어색한 부분이 보이고, 고치다 보면 비로소 팔리는 문장이 완성된다. 내 제품뿐만 아니라 잘 팔리는 남의 제품을 이 4단계로 해체해보는 연습을 반복해보라. 어느 순간 카피의 목적지만 정해지면 흰 화면 위에서도 거침없이 시동을 걸 수 있는 자신을 발견하게 될 것이다.

PART 5.
TRIGGER

클릭을 부르는
14가지 트리거

작은 습관들은 더하기가 아니다.
그것들은 복리로 불어난다.

제임스 클리어, 《아주 작은 습관의 힘》

0.3초 만에 '후킹'하는 심리적 트리거

+ **아무리 완벽한 카피라도 읽히지 않으면 가치가 없다**

상세페이지를 10시간 동안 공들여 만들었는데 첫 화면에서 90%의 고객이 이탈한다. 이메일을 정성껏 썼는데 제목도 읽히지 않은 채 휴지통으로 직행한다. 큰맘 먹고 집행한 메타Meta 영상 광고는? 불과 0.3초 만에 다음으로 넘어간다. 이유는 단 하나, 첫눈에 고객을 끌어당기지 못했기 때문이다.

스크롤하던 손가락을 멈추게 하고, 지나가던 시선을 확 잡아당기고, "어? 이거 뭐지?" 하고 고개를 돌리게 만드는 것. 우리가 이 책을 읽는 가장 큰 이유이지 않은가? 열심히 상세페이지를 제작

했는데 아무도 안 봐주는 것 같아서, 광고의 클릭률이 너무 안 나와서, 혹은 이 두 가지를 동시에 경험하는 동안 나를 쪼는 김 부장님 때문일 수도 있다.

콘텐츠가 넘쳐나다 못해 범람하는 요즘 같은 시대에는 고객의 시선을 일단 머물게 해야 준비한 가치를 보여줄 기회라도 얻을 수 있다. 그래서 고객의 시선을 확 낚아채는 '후킹hooking' 카피가 절실해진다. 예를 들어보자.

[Case Study] 후킹 카피와 본문 카피의 역할 분담		
구분	카피 예시	주요 역할
후킹 카피	한약도 아닌데, 미지근해진 아아 괜찮으세요?	고객의 통증(짜증)을 건드려 시선을 멈추게 함.
본문 카피	진공 이중 단열 구조로 출근길에 담은 아이스 아메리카노가 퇴근할 때까지 시원합니다. 이제 점심시간마다 발 동동 구르며 커피집 앞에 줄 서지 마세요.	제품의 원리와 기능을 통해 문제를 해결하고 설득함.

후킹 카피가 고객의 짜증을 건드려 멈춰 세웠다면, 본문은 그 짜증을 어떻게 해결하는지 설명한다. 두 카피는 역할이 완전히 다르다. 후킹 없이 본문만 던지면 고객의 시선조차 받지 못하고, 반대로 본문 없이 후킹 카피로 점철된 상세페이지는 우리의 주장만 넘치는 시끄러운 소음이다. 고객은 우리를 신뢰할 수 없으니 그대로

이탈한다. 광고비 예산도 예비 고객도 모두 떠나간 것이다.

광고는 0.3초 안에 승부를 봐야 한다. 지나가던 사람의 발걸음을 멈추게 해야 하고, 스크롤하던 손가락을 멈추게 해야 한다. 그래서 광고에서는 설명이 필요 없는 후킹 카피가 단독으로 쓰일 때가 많다. 일단 클릭을 유도하고, 본격적인 설득은 클릭 후 나오는 랜딩 페이지의 본문에 맡기는 것이다.

긴 글을 써야 할 때에도 마찬가지다. 일단 후킹으로 앞으로 설명할 내용을 알린 뒤 본문에서 이를 풀어낸다. 상세페이지 맨 위에 큼지막하게 들어가는 소제목들, 이메일 제목, 배너 광고 문구 등등이 후킹 카피를 사용한 타이틀인 셈이다. 소제목 하단에 나오는 제품 설명이나 상세한 스펙, 배너 광고를 클릭한 후 노출되는 고객 후기 등은 본문 역할을 수행하며 본격적인 설득을 담당한다.

결국 설득의 성공 여부는 고객을 사로잡는 타이틀에 달려 있다. 이에 타이틀의 열네 가지 법칙을 준비했다. 개인적으로도 아주 공들여 정리한 영역이다. 이 법칙들을 하나씩 익히다 보면, 책을 덮을 때쯤 알아주는 '어그로꾼'이 되어 있을지도 모른다. 자, 그럼 이제 시작해보자.

트리거 ①
진입 장벽을 낮춰라

+ **이렇게 쉬운데 안 사시게요?**

새로운 변화보다 현재 상태를 고수하려는 심리적 성향을 심리학에서는 '현상 유지 편향Status Quo Bias'이라 부른다. 새로운 선택을 하려면 막대한 에너지가 들고 실패할 위험도 있기에, 지금 상태를 유지하는 것을 가장 안전하다고 판단하는 것이다.

'이렇게 쉬운데 안 사시게요?' 트리거는 바로 이 현상 유지 편향을 무너뜨리는 무기다. 핵심은 진입 장벽을 최소화하는 데 있다. 밖으로 나가서 먹는 것은 힘들지만 스마트폰을 열어서 '딸깍' 배달 앱을 켜면 안 먹을 치킨도 먹게 되는 것처럼, 복잡한 절차도 없고 어려운 기술도 필요 없으며 실패할 위험도 없다고 말해주면 고객은 '그 정도면 해볼까?'라고 생각한다.

중요한 건 '쉬움'을 구체적으로 표현하는 것이다. 단순히 '간편합니다'가 아니라 "3초면 끝", "클릭 한 번", "선택만 하면 완료"처럼 숫자와 행동으로 보여줘야 한다.

이 트리거는 특히 신제품이나 새로운 카테고리를 개척하는 제품에 매우 강력하다. 고객이 '이게 대체 뭐지?'라고 의심하는 순간 구매를 포기하기 때문이다. 당장 우리만 해도, 패스트푸드점의 키오스크가 너무 어려우면 먹고 싶던 사이드 메뉴를 추가하지 않고 햄버거 세트만 주문하고 말지 않는가. (장담하건대 이런 식으로 패스트푸드점이 놓치고 있는 사이드 메뉴 매출이 꽤 될 것이다.)

그렇기에 이 트리거는 중장년층을 타깃으로 하는 제품에도 효과적이다. 디지털 기기나 스마트 가전처럼 '어려운 거 아니야?'라는 의구심을 반드시 넘어야 하거나, 건강식품처럼 '진짜 효과 있을까?' 하는 선입견을 깨야 하는 제품이라면 한 번쯤 이 키를 활용해보자. 조립이 필요한 가구, 설치가 필요한 전자제품, 사용법을 익혀야 하는 주방용품도 마찬가지다. "조립 공구 필요 없음", "꽂기만 하면 끝", "버튼 하나로 완성"처럼 쉬움을 강조하면 진입 장벽이 획기적으로 낮아진다.

[Case Study] '어려움'을 '쉬움'으로 번역한 비포 & 애프터		
제품/서비스	Before (평범한 설명)	After ('진입 장벽 낮추기' 적용)
캡슐 커피 머신	프리미엄 원두로 추출한 에스프레소를 집에서	캡슐 넣고 버튼만 누르면 30초 후 홈카페 완성
로봇청소기	스마트 AI 기술이 적용된 자동 로봇청소기	앱 설치 없이 버튼 하나, 집 나간 사이 청소 끝
조립식 책상	공구 없이 조립 가능한 원룸 책상	딱 3분! 나사 하나 없이 완성되는 책상

이제 아래 제시된 힌트와 예시 문장들을 찬찬히 읽어보며, 고객의 막막함을 확신으로 바꿔줄 '쉬운 언어'를 고민해보자.

[Training] 실전 카피 트레이닝		
1	Before	누구나 사용할 수 있는 간편한 무선청소기
	힌트	· 몇 초/몇 분 만에 뭐가 끝나나요? · 어떤 복잡한 과정이 생략되나요? · 버튼 몇 개를 누르면 되나요?
	After	**버튼 하나로** 강약 조절, **30초면** 거실 청소 끝.
2	Before	복잡한 설정이 필요 없는 블루투스 스피커
	힌트	· 설치/설정에 몇 초가 걸리나요? · 어떤 앱이나 프로그램이 필요 없나요? · 어떤 행동 하나만 하면 되나요?
	After	**전원 켜면** 자동 연결, **1초 만에** 음악 재생.

3	Before	간단하게 조리할 수 있는 에어프라이어
	힌트	· 조리 시간은 몇 분인가요? · 어떤 복잡한 과정(기름 두르기, 뒤집기 등)이 생략되나요? · 버튼 몇 개만 조작하면 되나요?
	After	뒤집지 않아도 **알아서, 20분 후** 바삭한 감자튀김 완성.

트리거 ②
손실로 불안을 건드려라

+ **어머, 손해 보시려고요?**

인간은 이익보다 손실에 두 배 더 민감하다. 행동경제학의 거장 대니얼 카너먼과 아모스 트버스키가 발표한 '전망 이론**Prospect Theory**'에 따르면, 10만 원을 얻는 기쁨보다 10만 원을 잃는 고통이 두 배 더 크게 느껴진다. 말이 좋아 두 배이지 솔직히 심리적 고통은 스무 배는 더 크게 다가온다. 그렇지 않은가? 이를 '손실 회피 편향**Loss Aversion**'이라 부른다. 자세한 이론은 몰라도 된다. 우리는 앞서 원리를 풀어낸 카피 작성법에서 핵심만 파악해도 충분하다는 걸 이미 익혔기 때문이다.

인간의 뇌는 이익을 얻는 것보다 손실을 피하는 데 더 많은 에너지를 쓴다. 생존 본능 때문이다. 원시시대에는 음식을 하나 더 얻는 것보다 가진 음식을 잃지 않는 것이 생존에 더 중요했다. 이 본능을 역행한 조상들은 도태되었고, 덕분에 이 본능은 21세기에도 여전히 우리에게 남아 있다.

'어머, 손해 보시려고요?' 이 트리거는 손실 회피 편향을 정면으로 겨냥한다. "이거 사면 좋아요"가 아니라 "이거 안 사면 손해예요"로 접근하는 것이다. 핵심은 손실의 크기와 시간이다. 손실의 크기는 클수록, 시간은 짧을수록 효과적이다.

- 시간이 짧을수록: "내일부터는 5,000원 더 내셔야 합니다"처럼 구체적인 금액과 임박한 시간을 제시하면 고객은 '지금 안 사면 손해'라고 판단한다. "지금이 아니면 놓칠 수 있습니다", "오늘만 이 가격", "마감 임박" 같은 표현이 여기에 해당한다. 이 방식은 메타Meta 광고나 각종 포털 광고에서 눈이 닳도록 보았다.

- 크기가 클수록: 손실의 규모가 크면 클수록 고객은 더 빠르게 움직인다. 특히 돈으로 환산하기 어려운 손실일수록 더 강력하다. 유아 교재를 파는 경우를 보자. 부모들은 당장 읽힐 책이 없어서 교재를 사는 게 아니다. 내 아이를 훌륭하게 키우고 싶어서 산다. 이때 "이 교재로 아이 IQ가 10 올라갑니다"는 어차피 아무도 믿지 않으므로, "생후 36개월, 뇌 발달의 황금기를 놓치면 학습 능력 형성이 평생 어렵

습니다"를 강조하는 편이 훨씬 효과적이다. 교재 가격이 수십만 원에 달한다 해도 내 아이의 평생 학습 능력을 놓칠 수 있는 손실보다는 작지 않은가. 부모들은 불안을 느끼고, 결국 지갑을 연다.

보험도 마찬가지다. "암 진단 시 3,000만 원 드립니다"보다 "암 치료비 평균 5,000만 원, 집 팔아 간병한다는 말이 괜히 나온 게 아닙니다"가 더 잘 팔린다. 3,000만 원을 받는 이득보다 집을 팔아야 할 수도 있다는 손실이 몇 배는 더 크게 느껴지기 때문이다.

[Case Study] '혜택'을 '손실'의 관점으로 재해석하기		
제품/서비스	Before (평범한 설명)	After ('손실로 불안을 건드리기' 적용)
여름 선풍기	올여름 시원하게 보낼 수 있는 프리미엄 선풍기	6월 넘어가면 품절! 7월에 찜통더위와 단둘이 보내시려고요?
관절 영양제	관절 건강에 도움을 주는 MSM 함유	계단 오를 때마다 삐걱대는 무릎, 내년엔 더 심해집니다.
스페셜 샤워 필터	한정 수량으로 출시되는 스페셜 에디션	이번 달 한정 300개, 재입고는 반년 뒤. 그때까지 수돗물 냄새 참으시려고요?

다음 Before 문장에 '어머, 손해 보시려고요?' 법칙을 적용해 다시 써보자.

[Training] 실전 카피 트레이닝

1	제품	겨울철 필수 아이템인 보온 텀블러
	힌트	[안 샀을 때 손해]　　　　[샀을 때 이득] _________ vs _________, 선택은?
	카피 예시	**출근길 커피 식어서 버리기** vs **퇴근까지 뜨끈하게 마시기**, 이보다 선택이 쉬울 수 있나요?
2	제품	명절 선물용 한우 세트
	힌트	[언제]　　　　　　[어떤 손해를 보게 되나요]? _________ 전엔 품절, _________?
	카피 예시	**명절 일주일** 전엔 품절, 결국 **빈손으로 고향** 가시려고요?
3	제품	블랙프라이데이 노트북 특가
	힌트	[구체적인 금액] 내일부터 _________ 더 내고 사실 건가요?
	카피 예시	내일부터 정상가 적용, **블루투스 스피커 3개 가격인 30만 원**을 더 내고 사실 건가요?

트리거 ③
가격에 닻을 내려라

+ 고객의 판단 기준을 장악하는 '앵커링'의 기술

이제는 고전이 된 재미있는 심리학 실험이 하나 있다. 1974년 카너먼과 트버스키의 실험으로, 참가자들에게 룰렛을 돌려 나온 숫자(10 또는 65)를 본 후 유엔 가입국 중 아프리카 국가 비중을 추측하게 했다. 10을 본 그룹은 평균 25%라고 답했고, 65를 본 그룹은 평균 45%라고 답했다. 전혀 관련 없는 숫자인데도 처음 본 숫자가 판단에 막대한 영향을 미친 것이다. 인간의 뇌는 불확실한 상황에서 판단 기준이 될 '닻anchor'을 찾는다. 그 기준이 이 실험에서는 처음 본 숫자가 되어주었을 뿐이다.

'가격에 닻을 내려주세요' 트리거는 이 앵커링**anchoring** 효과를 가격 책정에 활용한다. 핵심은 할인가를 말해도 고객이 그것을 정가의 가치로 받아들이게 만드는 것이다. 우리는 아울렛에 30만 원짜리 코트를 사러 가지 않는다. 한때 백화점에서 100만 원에 팔렸던 코트를 사기 위해 간다. 그렇기에 우리가 판매하는 제품이나 서비스가 가격을 붙이고 있는 한, 거의 모든 영역에서 강력한 힘을 발휘한다.

특히 고가 제품일수록 효과적이다. 가전제품, 가구, 패션 아이템처럼 가격대가 높은 제품은 정가를 먼저 보여주고 할인가를 제시하면 체감 할인율이 커진다. 세트 상품이나 번들 상품에도 좋다. "개별 구매 시 총 금액"을 먼저 보여주고 세트 가격을 제시하면 고객은 횡재했다며 쾌재를 부른다. 이때 개별 구매할 때의 단가와 세트나 번들로 구매했을 때의 단가가 어떻게 달라지는지 직접 비교해주면 효과는 배가된다.

너무 뻔한 이야기라고 생각한다면 이건 어떤가. 스위스의 프리미엄 스킨케어 브랜드 '라프레리'의 50ml 캐비어 세럼 가격은 109만 3,000원이다. 당신이 이 세럼을 홈쇼핑에서 팔아야 한다면 어떻게 하겠는가? 나라면 일단 눈물을 닦는 데 5분은 써야 할 듯싶다.

하지만 GS홈쇼핑에서 기적을 만들어냈다. 라프레리에 "재벌가의 혼수 화장품"이란 멋진 카피를 붙인 쇼호스트가 등장한 것이다. 홈쇼핑을 보던 고객은 그 순간 109만 원이라는 가격은 잊고 '재벌가'라는 말만 기억하게 된다. 가격 그 자체가 아니라, 제품을 빛나게 해줄 매력적인 단어를 가져와 거기에 닻을 내린 것이다. 고객의 심리를 꿰뚫은 사례인데, 쇼호스트는 핵심을 정확히 간파했다. 고객은 택배 상자를 뜯어볼 때쯤이면 자신이 결제한 카드값은 기억하지 못하고 '재벌가'라는 세 글자만 기억하리라는 것을 말이다.

단순한 숫자 나열을 넘어, 고객의 머릿속에 '비교 기준'을 선명하게 박아 넣는 것이 앵커링의 핵심이다. 다음 사례들을 통해 가격에 정당성을 부여하는 법을 익혀보자.

[Case Study] 숫자의 장벽을 허무는 앵커링 비포 & 애프터		
제품/서비스	Before (평범한 설명)	After ('앵커링' 적용)
주방용품 세트	프라이팬 3종 세트 89,000원 (특가)	하나씩 사면 총 149,000원 (개당 49,666원) → 세트로 사면 89,000원 (개당 29,666원)
만년필	프리미엄 수제 만년필 특가	애플 CEO가 서명할 때 쓰는 그 만년필, 11월만 블랙 프라이데이 30% OFF
건강기능 식품	3개월분 구매 시 120,000원	약사 엄마들이 집에 쟁여두는 3개월분, 지금 120,000원

이처럼 앵커링은 단순히 싼 가격을 강조하는 것이 아니라, 제품이 가진 본래의 높은 가치를 먼저 인지시킨 후 그에 비해 현재의 조건이 얼마나 파격적인지를 납득시키는 과정이다.

배운 내용을 토대로 다음 Before 문장에 '가격에 닻을 내려주세요' 트리거를 적용해보자. 고객이 기꺼이 지갑을 열 만한 강력한 기준점을 세우는 것이 포인트다.

<table>
<tr><td colspan="3" align="center">[Training] 실전 카피 트레이닝</td></tr>
<tr><td rowspan="3">1</td><td>제품</td><td>무선 이어폰 특가 49,000원</td></tr>
<tr><td>힌트</td><td>[어떤 이미지/느낌에 닻을 내릴까?]
_______________ 이어폰이 지금 49,000원
· 어떤 고급 브랜드가 연상되나요?
· 어떤 사람들이 쓰는 제품처럼 보이면 좋을까요?
· 어떤 장소에서 쓰는 이어폰처럼 느껴지면 좋을까요?</td></tr>
<tr><td>카피 예시</td><td>**스타벅스 맥북러들이 끼고 있는** 그 이어폰, 지금 49,000원.</td></tr>
<tr><td rowspan="3">2</td><td>제품</td><td>가죽 소파 시즌오프 행사</td></tr>
<tr><td>힌트</td><td>[어떤 이미지/느낌에 닻을 내릴까?]
_______________ 가죽 소파가 시즌오프
· 어떤 공간에 있는 소파 같나요? (호텔 로비? 고급 오피스?)
· 어떤 드라마/영화 속 장면이 떠오르나요?
· 어떤 사람의 집에 있을 법한가요?</td></tr>
<tr><td>카피 예시</td><td>**호텔 로비에서 본** 그 블랙 소파, 여기 거예요!
5월 이사 시즌 20% 할인</td></tr>
<tr><td rowspan="3">3</td><td>제품</td><td>프리미엄 크루즈 5박 7일 199만 9,000원</td></tr>
<tr><td>힌트</td><td>[어떤 이미지/느낌에 닻을 내릴까?]
____
· 정가는 얼마였나요?
· 하루당 얼마인가요?
· 다른 여행 상품과 비교하면 얼마나 차이 나나요?</td></tr>
<tr><td>카피 예시</td><td>하루 40만 원이면 **5성급 호텔 1박**도 못 하는데,
식사 3끼 + 숙소 + 공연 + 액티비티까지?</td></tr>
</table>

앵커링 법칙을 마스터하면 고객은 더 이상 '비싸다'고 투덜대지 않는다. 그 대신 '이 정도 가치를 이 가격에 누릴 수 있다니'라는 놀라움을 경험하게 된다. 당신의 제품이 가진 이미지가 무엇인지, 고객이 기꺼이 닻을 내릴 지점이 어디인지 치열하게 고민해보길 바란다.

트리거 ④
호기심을 자극하라

+ **거절할수록 몰려드는 청개구리 심리학**

누구나 하지 말라 하면 더 하고 싶다, 그것도 아주 간절히. 퍼스널 트레이너가 떡볶이나 마라탕을 먹지 말라고 하면 마라떡볶이가 그렇게 당기는 법이다. (물론 먹지 말라고 등을 떠민다고 해서 안 먹을 것은 아니지만.) 단순하기 그지없는 우리 뇌는 '하지 마!' 하는 순간 자유를 빼앗겼다고 인식하고, 어떻게든 그 자유를 되찾으려 한다.

네 번째 트리거는 그런 뇌의 단순함을 이용한다. 특정 조건을 내세워 "사지 마세요"라고 언급하며, 그 조건에 해당하는 사람들까지 지갑을 열고 싶게 만드는 전략이다. 예를 들어 "불닭볶음면도 매운 분들은 ××떡볶이 드시지 마세요"라고 하면, "감히 나를 '맵찔이' 취급한단 말이야?" 하면서 발끈해서 주문을 하게 되거나, "불닭 정도는 매워도 어찌어찌 먹으니까 한번 시켜볼까?" 하면서 주문을 하게 된다. 이 법칙의 묘미는 그 조건에 해당하지 않는 사람들까지 홀려낸다는 점이다. "나에게 불닭은 이제 매운맛도 아니지! 과연 얼마나 매운지 보자" 하면서 주문하게 되니까 말이다.

이 법칙은 페르소나가 명확한 제품이나 서비스에서 빛을 발한다. 어차피 세상에는 모두에게 다 좋은 건 없기 때문이다. 오히려 적합하지 않은 페르소나가 명확할 때 그 점을 내세워 신뢰도 주면서 구매 욕구까지 자극할 수 있다.

가죽 100%라 무거운 토트백을 판매하는가? "가볍기만 하면 스타일 망가져도 상관없는 분들은 사지 마세요"라고 말해보라. 타사보다 가격이 높은 양장 다이어리를 판매하는가? "가격만 보는 분들께는 판매하고 싶지 않습니다"고 말해보라. 효과를 100% 장담하기엔 애매한 건강식품을 판매하는가? "운동 안 하고 ○○만 먹으면 된다고 믿는 분들은 정중히 사양합니다"라고 말해보라. 허들을 높일수록 고객이 몰려오는 신비한 경험을 하게 된다.

무조건 좋다고 말하는 카피는 이제 지겹다. 때로는 당당하게 '사지 말라'고 말하는 것이 제품의 급을 올려주기도 한다. '사지 마라'라는 말은 곧 '우리 제품은 이만큼 특별하다'는 자신감의 표현이다. 고객에게 단순히 물건을 파는 것이 아니라, 우리 제품을 가질 '자격'을 묻는 순간 고객은 그 자격을 증명하기 위해 기꺼이 결제 버튼을 누르게 된다.

제품군	Before (평범한 설명)	After ('역설하기' 적용)
[Case Study] 허들을 높여 진짜 타깃을 공략하는 비포 & 애프터		
수제 칼	전문 요리사들이 선택하는 프리미엄 주방 칼	대충 썰어도 되는 분은 절대 사지 마세요.
스니커즈	편안한 착화감의 고급 스니커즈	신발값 아까워서 비 오는 날 못 신을 분은 피하세요.
고함량 유산균	장 건강에 도움을 주는 프리미엄 유산균	정중히 거절합니다, 일주일에 두 번 화장실 가는 걸로 만족하실 분들은.

이제 배운 법칙을 활용해 고객의 승부욕을 자극해볼 시간이다. 타깃이 아닌 사람을 과감히 쳐낼 때, 진짜 타깃이 열광한다는 점을 잊지 말자.

		[Training] 실전 카피 트레이닝
1	제품	고성능 게이밍 키보드
	힌트	_______________ 한 분들은 절대 사지 마세요. [어떤 사람은 이 제품에 맞지 않나요?]
	카피 예시	**가성비만 따지는 분들은 절대 사지 마세요.** 프로게이머 손맛 아니면 의미 없습니다.

2	제품	무향 바디워시		
	힌트	_______________ 하고 싶은 분은 피하세요. [이 제품으로는 할 수 없는 것]		
	카피 예시	**독한 향수 향을 좋아하시는** 분들은 피해주세요.		
3	제품	프리미엄 실크 블라우스		
	힌트	사지 마세요, _______________ 에게 양보하세요. [어떤 사람이 이 제품을 필요로 하나요?]		
	카피 예시	사지 마세요, **중요한 모임을 준비하는 분들께** 양보하세요.		

허들을 높일수록 고객은 그 허들을 넘고 싶어 한다. 내 제품이 가진 가장 뾰족한 특징이 무엇인지 고민하고, 그것을 수용하지 못할 사람들에게 정중히 거절의 메시지를 던져보자. 그 거절이 곧 가장 강력한 유혹이 될 것이다.

트리거 ⑤
공감으로 신뢰를 쌓아라

+   **설명하지 말고 보여줘라**

누군가 나의 경험을 정확히 이해할 때, 뇌의 '거울 뉴런mirror neuron' 이 활성화되며 강한 유대감을 형성한다. 엄마가 돼지우리 같은 방 좀 치우라고 아무리 잔소리를 해도, SNS에 떠돌아다니는 "내일 결혼하는 우리 누나 방.jpg" 같은 제목의 어질러진 방 사진을 보며 '나만 이러는 게 아니구나'라는 위안을 얻는 것과 같다. 우리는 나와 비슷한 상황에 처해 있거나, 적어도 그 상황을 알아주는 사람에게 깊은 신뢰를 보내며, 나아가 기꺼이 지갑을 연다.

따라서 공감을 활용한 카피라이팅은 이커머스 태동기부터 교과서적인 전략으로 통용되어왔다. 다만 오늘날의 공감은 한층 더 진화했다. 예전에는 "육아, 힘드시죠?"라고 대놓고 공감을 구하려 했다면, 최근에는 "분명 저녁 8시였는데, 애 재우고 설거지 좀 했다고 자정이에요"처럼 고객의 상황을 구체적으로 제시하며 자연스러운 공감을 이끌어낸다. 페르소나의 하루, 감정, 욕망을 치밀하게 묘사할수록 매출은 올라갈 수밖에 없다.

이 트리거는 특히 문제 해결형 제품에 위력을 발휘한다. 육아용품, 청소용품, 수면용품처럼 "이런 고민 있으시죠?"로 시작할 수 있는 제품이라면 활용해보길 권한다. 틈새시장을 공략하는 제품에도 효과적이다. "나만 이런 불편함을 겪나?"라고 생각했던 고객에게 "우리도 잘 압니다"라고 말해주는 것이다. 대기업이 미처 신경 쓰지 못하는 소수의 니즈를 공략할수록 공감의 힘은 커진다. 소상공인이거나 스몰 브랜드를 운영 중이라면 이 점을 반드시 기억하자.

[Case Study] '막연한 제품 설명'을 '선명한 공감'으로 바꾼 비포 & 애프터		
제품군	Before (평범한 설명)	After ('공감 얻기' 적용)
유아용 식판	아이들이 사용하기 편한 안전한 식판	국 엎지르고 반찬 바닥에 쏟고, 식사 시간이 전쟁터죠?
수면 안대	숙면을 도와주는 프리미엄 안대	새벽 4시, 또 눈떠서 천장 보고 있는 당신을 위해
도시락 가방	출퇴근용 보온 보냉 도시락 가방	"나 도시락 들었다!" 온 동네 자랑하는 촌스런 디자인은 이제 그만

공감 카피는 제품의 기능보다, 고객이 숨기고 싶어 하거나 혼자만 겪는다고 믿었던 '고통의 순간'을 전면에 내세우는 전략이다. 그 순간을 알아봐주는 것만으로도 고객은 마음을 열게 된다.

이제 배운 내용을 토대로 다음 제품에 '공감은 힘이 세다' 트리거를 적용해보자. 고객이 처한 구체적인 시간대와 소음, 냄새 등 오감을 자극하는 표현을 섞는 것이 포인트다.

[Training] 실전 카피 트레이닝

1	제품	방음 커튼
	힌트	· 고객이 언제 소음 때문에 짜증 나나요? · 구체적으로 무슨 소리가 들리나요? · 몇 시에 어떤 상황인가요?
	카피 예시	**새벽 5시, 쓰레기차 소음**에 또 잠 깼네요.
2	제품	냉장고 탈취제
	힌트	· 냉장고 문 열었을 때 어떤 냄새가 나나요? · 언제 가장 당황스러운가요? · 누가 냉장고를 열 때 제일 부끄러운가요?
	카피 예시	냉장고 문 여는 순간 **코를 찌르는 김치 냄새**, 시어머니가 알까 겁나요.
3	제품	바른 자세 방석
	힌트	· 몇 시간 앉아 있으면 어디가 아픈가요? · 어떤 자세로 변해 있나요? · 퇴근할 때 몸 상태가 어떤가요?
	카피 예시	**오후 3시**만 돼도 허리 쭉 펴고 앉아 있는 사람 아무도 없죠.

이처럼 공감은 고객의 일상 속으로 깊숙이 침투하는 일이다. 페르소나의 하루를 머릿속으로 그려보라. 그들이 겪는 사소하지만 뼈아픈 1초를 찾아내어 문장으로 옮기는 순간, 당신의 카피는 단순한 광고를 넘어 고객의 마음을 어루만지는 위로가 될 것이다.

트리거 ⑥
오감을 자극하라

\+ **맛있는 치킨보다 '바삭한' 치킨이 더 좋다**

'좋은 향기'는 코끝에 스치지 않지만 "첫사랑을 시작한 봄날의 향기"라고 말하면 그 느낌이 무엇인지 어렴풋이 알 것 같다. '선명한 눈동자'라고 말하면 사람마다 떠올리는 눈동자 색은 달라지지만, "블랙홀처럼 빨려들 것 같은 눈동자"로 바꾸면 대부분 검은 눈의 사람을 떠올리게 된다. 이처럼 오감 자극은 추상적인 표현을 직접 느낄 수 있는 감각으로 치환해준다. "부드럽다", "시원하다", "따뜻하다"처럼 고객이 만지고 느끼고 맛볼 수 있는 단어로 표현하는 것이다.

이 트리거의 핵심은 한 문장에 하나의 감각만 담는 것이다. "부드럽고 시원하고 상큼한 촉감"처럼 여러 감각을 섞으면 오히려 메시지가 희미해진다. "손에 닿는 순간 녹아내리는 부드러움"처럼 하나의 감각을 구체적으로 표현하는 것이 훨씬 더 강력하다. 여기에 숫자 활용을 더하면 생생함은 배가된다. "많은 페퍼로니"보다 "88개의 페퍼로니"가 올라간 피자가 더 묵직하니 맛있게 느껴지고, "오래 기다려야 맛볼 수 있는 고로케"보다 "43년 대기 후 받아보는 고로케"가 훨씬 더 궁금해진다. 실제로 일본의 효고현 다카사고시의 정육점 '아사히야'에서 판매하는 최고급 고베규 고로케는 지금 주문해도 손주들이나 먹을 수 있을까 싶을 정도로 주문이 밀린 집으로 유명하다. '43년'이란 숫자를 썼을 뿐인데 '얼마나 맛있길래!' 하는 미각이 자극되지 않는가? 카피가 적중한 셈이다.

맛, 향, 촉감이 구매 결정에 직접적인 영향을 미치는 제품들이라면 무조건 이 법칙을 활용하기를 추천한다. 과자는 "바삭(청각)"; 음료는 "톡 쏘는(촉각)"; 크림은 "녹아드는(촉각)"처럼 감각 동사를 적극 활용하자. 가전제품에도 적용할 수 있다. 청소기는 '소음의 대명사'가 아니라 "도서관보다 조용한 48dB(청각)"; 선풍기는 '시원하다'가 아니라 "2m 거리에서도 흩날리는 머리카락(시각/촉각)"처럼 구체적으로 표현하면 된다. 중요한 건 과장하지 않는 것이다. 실제로 체험 가능한 감각을 정확히 묘사해야 비로소 고객의 신뢰가 생긴다.

추상적인 단어는 고객의 뇌를 통과하지만, 감각적인 단어는 고객의 신경을 건드린다. 다음 사례들을 통해 무색무취한 제품 설명에 어떻게 생명력을 불어넣는지 확인해보자.

[Case Study] '형용사'를 '감각 동사'로 번역하기		
제품군	Before (평범한 설명)	After ('오감 자극하기' 적용)
프리미엄 초콜릿	부드럽고 진한 맛의 다크 초콜릿	혀 위에 올리는 순간 스르륵 녹는 72% 카카오
고급 수건	부드러운 촉감의 호텔 수건	솜사탕으로 수건을 만들면 이런 느낌일까요?
탄산음료	상큼하고 청량한 맛	제주 감귤의 향을 품은 파도가 입안에서 휘몰아치는 한 모금

이제 당신의 제품에 감각의 색을 입힐 차례이다. 눈으로 보고, 귀로 듣고, 살결로 느끼는 듯한 생생함을 문장에 담아보자.

[Training] 실전 카피 트레이닝		
1	제품	탄산 음료
	힌트	· 어떤 소리가 나나요? (톡톡, 쫀득, 사각사각) · 입에 넣었을 때 어떤 느낌인가요? · 목으로 넘어갈 때 어떤 감각인가요?
	예시	타닥타닥, 입안에서 펼쳐지는 탄산의 불꽃놀이

2	제품	시원한 쿨링 젤
	힌트	· 바르는 순간 어떤 감각인가요? · 어떤 온도처럼 느껴지나요? · 어떤 소리나 반응이 나오나요? (아~ 시원해, 탄성 등)
	예시	조심하세요! 한여름에도 "앗, 추워!" 체감온도 내려가는 쿨링 젤
3	제품	가죽 가방
	힌트	· 손끝으로 만질 때 어떤 느낌인가요? · 고객의 감각과 제품의 장점을 연결할 수 있는 매개체가 있나요?
	예시	좋은 가죽은 수분을 머금어 촉촉합니다. 손끝에서 느껴지는 ○○가방의 서늘함을 느껴보세요.

카피는 읽는 것이 아니라 체험하는 것이다. 고객이 당신의 글을 읽는 동안 제품을 실제로 사용하고 있는 듯한 착각에 빠지게 만든다면, 그 카피는 이미 성공한 것이나 다름없다.

트리거 ⑦
언더독의 진정성을
드러내라

+ 체급 차이를 압도하는 '언더독 효과'의 마법

사람들은 본능적으로 강자보다 약자를 응원하는 경향이 있다. 심리학에서는 이를 '언더독 효과underdog effect'라 부른다. 이 효과가 얼마나 강력한지 보여주는 대표적인 사례가 있다. 놀랍게도 바로 애플이다. 1990년대 후반 애플은 개인용 PC 시장에서 고작 3% 점유율로 존폐 위기에 처한 회사였다. 그때 내놓은 광고가 바로 "씽크 디퍼런트Think Different" 캠페인이다.

"미친 사람들에게 바칩니다. 부적응자, 반항아, 말썽꾼들. 세상을 다르게 보는 사람들."

애플은 자신을 거대한 마이크로소프트에 맞서는 작고 용감한 반항아로 포지셔닝했다. 그 결과, 사람들은 애플을 응원하기 시작했다. 한때 시가총액 세계 1위에 오를 만큼 거대 글로벌 기업이 되었지만, 여전히 많은 사람이 애플을 '도전하는 브랜드'로 기억하는 이유다.

이처럼 '언더독의 진정성' 트리거는 내가 작다는 것, 대기업이 아니라는 사실을 오히려 무기로 삼는 전략이다. "우리는 작습니다. 하지만 그래서 더 정성을 다합니다"라고 당당히 말하는 것이다. 여기서 핵심은 진정성이다. 거짓으로 작은 척하는 게 아니라, 정말로 작기 때문에 할 수 있는 것, 소규모이기 때문에 지킬 수 있는 가치를 보여주는 것이다. "20년 동안 프랜차이즈 문의 100건을 받았지만 여전히 10평 가게", "수수료 아껴서 더 좋은 원료 씁니다" 같은 표현이 여기에 해당한다.

이 트리거는 특히 소상공인, 1인 브랜드, 수제 제품에서 압도적인 빛을 발한다. 대기업과 경쟁하는 제품이라면 오히려 작다는 사실을 강조하자. "우리는 대기업처럼 마케팅 예산이 없어서 광고를 못 합니다. 그 대신 제품 품질에 올인합니다"라고 솔직하게 말하면 고객은 기꺼이 그 브랜드를 응원한다. 로컬 브랜드, 지역 특산물, 전통 방식을 고수하는 제품에도 효과적이다. 중요한 건 자격지심이 아니라 자부심으로 말하는 것이다. "작아서 미안합니다"가 아니라 "작기 때문에 우리만 지킬 수 있습니다"라는 태도가 필요하다.

<table>
<tr><td colspan="3">[Case Study] '규모'의 열세를 '가치'의 우위로 바꾼 비포 & 애프터</td></tr>
<tr><td>제품군</td><td>Before (평범한 설명)</td><td>After ('진정성 드러내기' 적용)</td></tr>
<tr><td>의류 쇼핑몰</td><td>이탈리아 원단으로 만든 프리미엄 셔츠</td><td>백화점 입점 제안 다 거절했습니다.
유통 마진 없으니
이 원단을 이 가격에 드릴 수 있습니다.</td></tr>
<tr><td>수제 침대</td><td>장인이 직접 제작하는 프리미엄 침대</td><td>공장 라인 없습니다.
한 달에 단 12개, 한 명의 목수가
처음부터 끝까지 책임집니다.</td></tr>
<tr><td>프로필 촬영</td><td>전문 작가의 프리미엄 프로필 촬영</td><td>하루 딱 3팀만 받습니다.
한 분 한 분을 제대로 담기 위한
저 자신과의 약속입니다.</td></tr>
</table>

이처럼 언더독 전략은 '못 하는 것'에 대한 변명이 아니라 '안 하는 것'에 대한 약속이어야 한다. 규모가 작다는 것은 곧 브랜드가 고객 한 사람 한 사람에게 더 깊이 몰입할 수 있다는 증거이기 때문이다.

배운 내용을 바탕으로 다음 제품에 '언더독의 진정성' 법칙을 적용해보자. 대기업은 효율성 때문에 포기하는 것을 우리는 끝까지 지키고 있다는 점을 강조하는 것이 포인트다.

		[Training] 실전 카피 트레이닝
1	제품	수제 초콜릿
	힌트	____________ 없습니다. ____________ [대기업은 있는데 우리는 없는 것] [그래서 우리가 지켜낸 가치는?]
	카피 예시	**마케터**는 없습니다. 하루 100개의 초콜릿을 묵묵히 만드는 **파티시에**가 있을 뿐입니다.
2	제품	인테리어 시공
	힌트	하루 ____ 팀만 받아요. ____________ [몇 팀?] [팀 수 제한은 당신의 어떤 '고집' 때문인가?]
	카피 예시	하루 **2팀의 상담**만 받습니다. 현장을 직접 확인해야 **진심**을 다할 수 있다는 고집 때문입니다.
3	제품	프리미엄 강아지 사료
	힌트	____________ 안 합니다. ____________ [대기업은 유통 위해 선택하지만] [우리는 품질 위해 포기한 것은?]
	카피 예시	**유통 프로세스가 긴 대형마트 입점에 필수적인 방부제**, 쓰지 않습니다. 유통기한이 짧아 손실을 보더라도 **양심** 앞에 당당하고 싶거든요.

작은 것이 반드시 약점은 아니다. 오히려 고객은 거대한 시스템의 부품이 되기보다 누군가의 고집스러운 진심이 담긴 결과물을 소유하고 싶어 한다. 당신의 작음이 고객에게 어떤 특별한 가치가 되는지 당당하게 선포해보라.

트리거 ⑧
희소성 자극하기

\+ **시즌마다 '시즌 한정'이 계속 나오는 이유**

사람의 뇌는 "지금 아니면 못 가져"라는 신호에 즉각적으로 반응한다. 심리학에서는 이를 '희소성 원리$^{scarcity\ principle}$'라고 부른다. 진화심리학의 관점에서 보면, 자원이 부족한 환경에서 살아남기 위해 희소한 자원을 선점하려는 본능이 유전자에 각인되어 있는 것이다. "오, 잘 익은 열매! 오늘은 사냥에 성공했으니까 내일 와서 따야지"라고 생각한 선조들은 모두 굶어 죽고 말았다. 아무리 많은 것을 갖고 있어도 한정되고 귀한 것을 쟁취하려 했던 선조들의 유전자가 지금까지 살아남아 우리 몸속에 깊이 자리 잡은 셈이다.

따라서 시간이나 수량의 제한을 명확하게 제시해야 한다. "오늘만", "선착순 100개", "한정 판매", "품절 임박"처럼 구체적인 제약을 내세우는 카피들을 하루에도 수십 개씩 보지 않는가? 여기서 핵심은 그 제한이 반드시 진짜여야 한다는 것이다. 거짓 한정판이나 가짜 품절은 단기적으로는 효과가 있을지 몰라도, 장기적으로는 브랜드의 신뢰를 저해한다. "마지막 생산분 80% 끝장 특가"라고 했는데, 몇 달 뒤 다시 "마지막 생산분 88% 역대급 특가"라며 광고하는 상품들에 그간 얼마나 실망했는가.

"운이 좋으시네요"와 같은 표현으로 고객이 특별한 기회를 잡았다고 느끼게 할 수도 있다. "운이 좋으시네요! 보통 예약이 꽉 찬 숙소입니다"라고 우아하게 말하는 에어비앤비처럼 말이다. "지금 사세요!"라고 다그치는 대신 "지금 보고 계신 게 행운입니다"라고 말하면, 고객은 재촉받는 게 아니라 선택받은 기분을 느낀다.

꼭 거창한 한정판이나 시즌 상품이어야만 하는 것은 아니다. 하루에 만들 수 있는 수량이 정해져 있다면 어떨까? "하루 생산량 50개 한정"이 곧 희소성이다. 1인 기업가라 동시에 받을 수 있는 주문이 적다면? "이번 주 남은 자리 3개"가 희소성이다. 아무리 뒤져봐도 우리처럼 성분에 진심인 브랜드를 찾기 어렵다면? "지금 놓치면 올리브영을 세 바퀴 돌고도 정제수가 1번인 스킨을 바르시게 됩니다"라고 말할 수 있다. 희소성은 항상 상대적이다. 한때는 겨울 딸기가 귀했지만 지금은 당연해진 것처럼 말이다. 절대적인 희소성이란 없으니 자신감을 가지고 우리의 '귀함'을 내세우자.

[Case Study] '흔한 제품'을 '귀한 기회'로 바꾼 비포 & 애프터

제품/서비스	Before (평범한 설명)	After ('희소성 강조하기' 적용)
수제 베이커리	매일 신선하게 구워내는 치아바타	하루 생산량 단 80개, 오후 2시면 품절됩니다.
화장품	피부에 좋은 성분으로 만든 토너	다마스커스장미꽃수가 1번 성분인 토너, 올리브영 세 바퀴 돌아도 못 찾으실걸요?
온라인 클래스	전문가에게 배우는 1:1 코칭	이번 기수 남은 자리 단 2개. 다음 모집은 2,160시간, 곧 3개월 뒤입니다.

희소성은 고객에게 '지금 당장 움직여야 할 이유'를 만들어준다. 거창한 한정판이 아니더라도, 우리 제품이 가진 물리적·시간적 한계를 솔직하게 드러내는 것만으로도 충분한 구매 명분이 된다.

이제 당신의 제품에 '귀함'의 가치를 부여할 차례다. 대량 생산으로는 흉내 낼 수 없는 당신만의 한계를 당당한 무기로 바꿔보자.

[Training] 실전 카피 트레이닝

1	제품	핸드메이드 가죽 지갑
	힌트	· 하루 혹은 한 달에 제작 가능한 수량은? · 장인의 숙련도는 어떠한가? · 주문이 밀려 있다면 얼마나 기다려야 하나?
	카피 예시	**장인 한 명이 가죽 재단부터 마감까지 하니까, 하루 단 한 개만 생산됩니다.**

2	제품	무설탕 단백질 쉐이크
	힌트	· 시중 제품들과 다른 점은 무엇인가? · 다른 브랜드들은 넣는데 우리는 안 넣는 요소가 있는가? · 발품을 팔아도 찾기 힘든 점은 없는가?
	카피 예시	설탕 0g 단백질 쉐이크, **편의점 10곳 돌아도 못 찾으실걸요?**
3	제품	네일아트
	힌트	· 한 번에 수용 가능한 인원은 몇 명인가? · 이번 주/이번 달 남은 자리는? · 다음 기회까지의 대기 기간은?
	카피 예시	겹칠 일이 없죠, ○○네일의 '이달의 아트'는 **디자인별로 단 5분께만 시술해드리니까.**

희소성 카피의 본질은 고객에게 겁주는 것이 아니라, 가치 있는 것을 알아본 고객의 안목을 칭찬하는 일이다. 당신의 제품이 왜 아무나 가질 수 없는지, 지금 기회가 왜 특별한지 구체적인 숫자로 증명해보자.

트리거 ⑨
증거로 납득시켜라

내 눈보다 중요한 남의 눈

사회적 동물인 인간은 다른 사람들이 어떻게 행동하는지를 보고 자신의 행동을 결정한다. 특히나 온라인 쇼핑에서는 직접 제품을 보고 만질 수 없기에, '다들 이걸 산다면 나도 사는 게 안전하겠지'라는 심리가 강력하게 작용한다. 한번 잘못된 구매를 하면 돈과 시간을 모두 낭비하게 된다는 불안감이 제한된 정보 속에서 타인의 선택을 이정표로 삼게 만드는 것이다.

따라서 다른 사람들의 선택과 평가를 직관적으로 제시하면 멋진 카피가 저절로 나온다. "누적 판매 10만 개", "리뷰 5,000개", "재

구매율 87%"처럼 숫자로 증명하는 것이 대표적이다. "많은 사람이 좋아합니다"보다 "7초마다 1개씩 팔립니다"가 훨씬 강력하다. 꼭 현재 판매 중인 제품에만 국한될 필요도 없다. 만약 다이어리 1만 개를 완판시킨 경력이 있다면, 새로 출시한 달력에 "1만 명이 선택한 다이어리 제작자가 직접 개발한 달력"처럼 자신의 전문성을 닻으로 활용할 수 있다.

또 다른 방법은 특정 집단의 선택을 보여주는 것이다. "30대 직장인이 가장 많이 샀어요", "수험생이 선택한 제품"처럼 페르소나가 동질감을 느낄 수 있는 집단을 제시하면 된다. 중요한 건 철저히 '나와 비슷한 사람'이 선택했다는 동질감이다. 20대 대학생에게 'CEO들이 선택한'이라는 수식어는 별 감흥이 없지만, "취준생 5명 중 3명이 선택했다"라는 말은 즉시 와닿는다. 같은 고민을 가진 사람들이 이미 검증했다는 신호가 구매 결정을 한결 쉽게 만든다.

"당근에도 올라오지 않는 바로 그 제품"처럼 역발상도 가능하다. 아는 사람들만 조용히 쓰고 있어서 아직 널리 알려지지 않았다는 뉘앙스를 풍기는 것이다. 우리가 신생 브랜드라면 페르소나들에게 '이걸 아직 모른다니 말도 안 돼!'라는 인식을 심어줄 수 있다. "아직도 모르세요?", "이걸 모르고 엉뚱한 걸 쓰셨다고요?", "○○ 하는 사람들이 몰래 쓰는 아이템"처럼 말이다. 이미 많은 사람들이 알고 있는데 나만 뒤처진 것 같은 불안감FOMO을 자극하여, 고객이 '나만 외톨이가 될 수는 없지'라는 심리로 클릭을 하게 만드는 전략이다.

[Case Study] '숫자'로 압도하고 '대세'로 설득하는 비포 & 애프터		
제품/서비스	Before (평범한 설명)	After ('증거로 납득시키기' 적용)
숙면 베개	목 건강을 지켜주는 메모리폼 베개	7초마다 1개씩 팔립니다, 누적 판매 12만 개
온라인 영어 강의	원어민 선생님과 1:1 수업	○○과 함께한 직장인 10명 중 8명 토익 900점 초과!
수제 비누	천연 재료로 만든 저자극 비누	강남 아기 엄마들은 다 이걸로 손 씻는다던데?

당신의 제품에도 적용해보자. 단순한 숫자를 넘어, 타깃이 소속감 또는 소외감을 느낄 만한 지점을 공략하는 것이 포인트다.

[Training] 실전 카피 트레이닝		
1	제품	아기 물티슈
	힌트	· 누적 판매량은 몇 개인가? · 몇 초, 몇 분마다 팔리는가? · 재구매율은 몇 퍼센트인가?
	카피 예시	**누적 판매 50만 팩, 쓴 엄마는 또 삽니다.**
2	제품	직장인 운동 루틴 프로그램
	힌트	· 어떤 집단이 주로 구매했나? · 그 집단 중 몇 명이 선택했나? · 그들의 공통 고민은 무엇인가?
	카피 예시	단 40분 루틴이니까, **야근 많은 직장인 출석률도 무려 83%.**

3	제품	친환경 세제
	힌트	· 누가 '몰래' 쓰고 있나? · 왜 아직 유명하지 않은가? · 모르면 어떤 손해를 보는가?
	카피 예시	**산후조리원**에서 이걸로 세척하는 거 모르셨어요?

트리거 ⑩
죄책감 자극하기

나보다 소중한 존재를 위하는 마음을 공략하라

사회심리학의 거장 로버트 치알디니의 연구에 따르면, 식당에서 계산서와 함께 사탕 한 개를 주면 팁이 3% 증가하고, 사탕 두 개를 주면 14% 이상 증가한다. 사탕값은 몇십 원에 불과하지만, 고객은 '뭔가 받았으니 나도 뭔가 줘야지'라는 심리적 부채를 느끼는 것이다. 한자어 그대로 '서로 호互', '은혜 혜惠'를 뜻하는 호혜의 심리는 받은 게 생기는 순간 서로 무언가 주고받아야 할 것 같은 마음이 스멀스멀 생겨나기 때문에 발생한다. 왜일까? 먼 옛날, 서로 돕지 않고 홀로 제 갈 길만 갔던 유인원 선조들은 겨울에 모두 얼어 죽었기 때문이다.

이 본능은 지금도 강력하게 작동한다. 무료 시식 코너에서 시식 후 제품을 집어들지 않을 때 괜히 미안해져 이 나이에도 저 멀리에 엄마가 있는 척 "엄마! 여기 만두 맛있다"라며 1인극을 하게 되는 이유가 바로 유전자에 새겨진 호혜적인 마음 때문이다.

이런 마음을 활용하면 '무료 샘플 드렸으니 구매해주세요'라고 대놓고 말하는 게 아니라, '이만큼 드렸는데 안 사면 좀 그렇지 않나요?'라는 은근한 압박이 가능하다. 또 다른 방법은 스토리를 활용하는 것이다. "원조 맛집을 지켜주세요", "장인이 평생 지킨 맛", "3대째 이어온 가게"처럼 감정에 호소하면 고객은 '내가 사줘야지'라는 의무감을 느낀다. 특히 '이 집 없어지면 안 되는데'라는 마음을 자극할 수 있는 로컬 브랜드, 전통 브랜드, 소상공인 제품에 매우 강력하다.

죄책감은 여기서 끝나지 않는다. 사는 사람과 쓰는 사람이 다를 때 죄책감은 배가 된다. 나 자신은 매대에 누워 있는 옷들을 뒤적이며 할인된 상품을 골라 입을지라도, 내 반려견에게는 유기농 면으로 만든 옷만 입히려는 것이 사람의 마음이다. 나의 잘못된 구매 때문에 말 못 하는 그 작고 부드러운 존재가 가려워할까 봐 걱정돼서 그렇다.

이런 죄책감은 반려동물용품, 육아용품, 부모님 선물에 특히 효과적이다. 내 돈 아끼다가 우리 아이나 부모님이 불편하면 어쩌나 싶은 마음이 들기 때문이다. 이때 '이러이러해야 제대로 된 것'

이라는 식의 조건을 걸어주면 유리하다. "강아지 수제 간식, 하나라도 빠져 있다면 잘못 사셨습니다 → 무항생제 닭가슴살 / 화학 첨가물 제로 / 수의사 승인"처럼 말이다. "이것만은 꼭 확인하세요"; "○○ 없으면 위험합니다"; "○○를 위해 단 하나라도 빠뜨리면 안 됩니다" 같은 표현이 여기 해당한다. "거래처 명절 선물, 설마 이것도 안 따져보셨나요?"처럼 가까운 존재가 아니더라도 충분히 설득력을 가질 수 있다.

주의할 점은 과도한 불안을 조장하면 안 된다는 것이다. "이거 안 사면 강아지 아파요"처럼 협박조로 가면 반감을 산다. 뭐든 과유불급인 법이다. 그 대신 "이 정도는 챙겨주고 싶으시죠?"라고 공감하며 접근해야 한다. 결국 죄책감의 탈을 쓴 사랑을 건드려야 하는 것이다.

[Case Study] '미안함'을 '구매 명분'으로 바꾼 비포 & 애프터		
제품/서비스	Before (평범한 설명)	After ('죄책감 자극하기' 적용)
전통 떡집	3대째 이어온 수제 떡	할머니 손맛 대신할 집 없어요, 3대째 원조 떡집 지켜주세요.
마스크팩	보습에 좋은 시트 마스크팩	엄마 얼굴에 닿는 마스크팩, 하나라도 빠졌다면 잘못 사셨습니다.
생일 케이크	프리미엄 수제 생일 케이크	사진 한 장으로 오늘을 떠올리게 될 텐데, 설마 파리빵집 케이크로 만족하시려고요?

이제 배운 내용을 바탕으로 고객의 '호혜적 마음'과 '미안함'을 자극해보자. 고객이 우리 브랜드를 지켜줘야 할 이유나, 소중한 이를 위해 따져봐야 할 조건을 제시하는 것이 포인트다.

[Training] 실전 카피 트레이닝		
1	제품	핸드드립 동네 카페
	힌트	· 몇 년째 업을 이어오고 있는가? · 없어지면 무엇이 아쉬운가? · 지켜야 할 이유는 무엇인가?
	카피 예시	**○○동에 유일하게 남은** 핸드드립 전문점으로서 **최고의 한잔을** 계속 내려드리고 싶습니다.
2	제품	식물 영양제
	힌트	· 식물이 스스로 선택할 수 없다는 점을 어떻게 공략할 것인가? · 식물에게 안전한 조건, 반드시 확인해야 할 성분은 무엇인가? · 누가 승인하고 추천했는가?
	카피 예시	**말 못 하는** 식물이 주는 대로 먹어야 하는데, 하나라도 안 따져본다면 너무 미안하니까.
3	제품	해외여행용 캐리어
	힌트	· 여행 중 꼭 필요한 기능은 무엇인가? · 고장 났을 때 곤란한 부분은 무엇인가? · A/S와 보증은 얼마나 되는가?
	카피 예시	캐리어 고장 나면 **싸울 일밖에** 없어요! 해외여행 캐리어 구매 전, 필수 체크리스트.

트리거 ⑪
게으름으로 유혹하기

+ **에너지를 아끼려는 뇌의 본능 '최소 노력의 법칙'**

인간은 본능적으로 에너지를 아끼려 한다. 이를 심리학에서는 '최소 노력의 법칙law of least effort'이라 부른다. 인지심리학자 대니얼 카너먼은 인간의 사고를 시스템 1(빠르고 자동적)과 시스템 2(느리고 의식적)로 구분했다. 뇌는 시스템 2를 작동시키는 것을 극도로 싫어한다. 에너지 소비가 막대하기 때문이다. (지금 이 책을 읽는 것처럼!) 그래서 뇌는 가능한 한 시스템 1로 모든 문제를 해결하려 한다. 쉽고, 빠르고, 자동으로 되는 것을 선호하는 근본적인 이유다.

진화적으로도 에너지 절약은 중요한 생존 전략이었다. 언제 먹을 것이 떨어질지 모르는 환경에서 불필요한 에너지 소비는 위험했다. 에너지를 함부로 소비하는 걸 마다하지 않던 선조들? 안타깝게도 다 굶어 죽었다.

'게으름으로 유혹하기'라는 트리거는 귀찮은 것을 싫어하는 인간의 본성을 정면으로 공략한다. "이거 하나면 다른 거 안 해도 됩니다"라고 말하는 것이다. 핵심은 무엇을 안 해도 되는지 구체적으로 보여주는 것에 있다. 단순히 '편리합니다'가 아니라 "설거지 안 해도 됩니다", "충전 안 해도 됩니다", "조립 안 해도 됩니다"처럼 생략되는 행동을 명확히 명시하는 것이다.

또 다른 방법은 하나로 여러 가지를 해결한다는 것을 강조하는 것이다. "다섯 가지만 확인하면 더 이상 검색 필요 없죠", "이것 하나면 최소 세 단계는 생략돼요" 같은 표현이 여기 해당한다. 추가적인 검색을 할 필요도, 번거로운 단계들을 거치지 않아도 되기 때문이다.

이 트리거는 특히 시간 절약형 제품, 올인원 제품, 자동화 제품에 강력하다. 아이디어 상품에도 적용할 수 있으며, 무엇보다 돈을 아껴주거나 시간을 아껴주는 What을 갖추었을 때 더욱 유리하다. 로봇청소기, 식기세척기, 건조기처럼 '손 하나 안 대도 되는' 가전 제품이 대표적이다.

그런데 재미있는 현상이 있다. 요즘 서비스들을 보면 극단적으로 게으름을 유도한다. 샐러드 정기 배송 서비스를 예로 들어보자. "식단 짜고, 장보고, 씻고, 썰고, 칼로리 계산하는 거 이제 안 해도 됩니다. 문 앞에 놔드립니다." 그리고 이게 먹힌다. 한 끼에 만 원이 넘는 샐러드가 매주 팔린다.

왜 그럴까? 진짜 아무것도 안 해도 될 것 같은 아름다운 환상이 나를 유혹하기 때문이다. 실제로 꾸준히 먹을지 말지는 중요하지 않다. 오늘까지만 치킨 먹고 내일 아침에 먹겠다며 냉장고에 넣어뒀다가, 5분만 더 자겠다는 유혹을 못 이겨 시들어서 버리게 되더라도 말이다. 구매하는 순간에는 '이거 시키면 나도 건강해지겠는데?'라는 환상을 산다. 떠먹여주는 것도 모자라 소화까지 대신해주겠다는 강렬한 유혹 앞에서, 고객은 기꺼이 지갑을 연다.

어디선가 들어본 듯하지 않은가? 그렇다면 훌륭하다! 얼핏 보면 '게으름으로 유혹하기'는 앞서 배운 트리거 ① '이렇게 쉬운데 안 사시게요?'와 비슷해 보인다. 과연 무엇이 다르길래 번듯하게 다른 번호를 붙여 구분을 해둔 것일까?

트리거 ①의 핵심은 원래 해야 하는 일이 사라지지 않고 그 과정이 압도적으로 쉬워지는 것에 있다. 회원가입은 여전히 해야 하지만 과정을 줄여 '카카오톡으로 3초 만에 완료'하는 식이다. 반면 트리거 ⑪은 과정 자체를 아예 생략하고 들어내는 것에 초점이 맞춰져 있다. 회원가입 절차를 아예 없애고 일주일간 비회원 구매를 허용하는 것이 좋은 예이다. 조금 더 직관적으로 비교하면 이렇다.

- 트리거 ①: 계단 오르기가 쉬워졌다 (완만한 경사로)
- 트리거 ⑪: 계단 안 올라도 된다 (엘리베이터)

- 트리거 ①: 설거지가 쉬워졌다 (세척력 좋은 세제)
- 트리거 ⑪: 설거지 안 해도 된다 (식기세척기)

- 트리거 ①: 청소가 쉬워졌다 (가벼운 무선 청소기)
- 트리거 ⑪: 청소 안 해도 된다 (로봇청소기)

이처럼 트리거 ⑪은 고객이 당연히 감내해야 한다고 믿었던 번거로운 단계 자체를 지워버린다. 식기세척기를 예로 들어보자. "손에 물 한 방울 안 묻히기로 약속했던 결혼생활, ○○식기세척기가 완성해드릴게요." 이 강렬한 제안은 진짜 설거지로부터 해방될 것 같은 아름다운 환상을 만들어내고, 고객은 그 환상에 이끌려 기꺼이 지갑을 연다. 실제로 꾸준히 쓰게 될지는 중요하지 않다. 구매를 결정하는 순간에는 이미 설거지를 대신해준다는 것도 모자라 신혼 시절의 낭만까지 되살아나는 강렬한 유혹에 빠져들었기 때문이다.

[Case Study] '귀찮은 과정'을 '완벽한 생략'으로 바꾼 비포 & 애프터		
제품/서비스	Before (평범한 설명)	After ('게으름으로 유혹하기' 적용)
미끄럼 방지 옷걸이	옷이 흘러내리지 않는 논슬립 옷걸이	옷 주워 담고, 다시 걸고, 결국 하나하나 개던 건 끝
콜라겐 크림	탄력 개선에 도움을 주는 고함량 콜라겐 크림	주름 가리려고 파운데이션 덧바르고, 각도 맞춰 사진 찍고, 보정하는 거 이제 안 해도 됩니다

선풍기 커버	먼지를 막아주는 선풍기 커버	날개 분해하고, 틈새 닦고, 다시 조립하는 거 이제 안 해도 됩니다. ○○커버만 세탁기에 던져주세요.

이제 당신의 제품에 '게으름'이라는 강력한 유혹을 입혀볼 차례이다. 고객이 당연하게 받아들였던 귀찮은 동작들이 우리 제품 덕분에 어떻게 삭제되는지 직접 문장으로 그려보자. 뇌를 쉬게 만드는 '생략의 기술'을 활용해보는 것이다.

[Training] 실전 카피 트레이닝

1	제품	자동 개폐 쓰레기통
	힌트	· 쓰레기 버릴 때 해야 하는 귀찮은 동작은? · 어떤 과정을 생략할 수 있는가? · 손으로 안 해도 되는 것은 무엇인가?
	카피 예시	**손을 씻어도 찝찝했던, 뚜껑 열기**는 이제 끝!
2	제품	초극세사 안경닦이
	힌트	· 안경이 더러울 때 보통 사람들은 어떤 행동을 하는가? · 잘 안 닦일 때 반복하는 행동은 무엇인가? · 어떤 귀찮은 과정을 생략할 수 있는가?
	카피 예시	**닦을수록 더러워져서 꼭 입김 불게 만드는** **일반 안경닦이와의 비교**는 정중히 거부합니다.

3	제품	유기농 생리대
	힌트	· 내 몸에 직접 닿는 제품을 살 때 뭘 체크하는가? · 체크한 기준이 내 마음에 들지 않을 때는 어떻게 하는가? · 단 하나의 번거로움을 해결해준다면 무엇을 내세울 것인가?
	카피 예시	**깨알 같은 글씨를 읽어보며 안전성 검증하는 일?** ○○○을 선택하면 그만이에요.

이처럼 고객의 번거로움을 대신 해준다는 약속은 그 어떤 기능 설명보다 강력한 구매 동기가 된다. 당신의 제품이 고객의 일상에서 구체적으로 어떤 수고를 덜어주고 있는지, 그 '생략의 가치'를 잊지 말고 당당하게 제안해보길 바란다.

트리거 ⑫ 소속감과 우월감을 자극하기

+ **팔은 영원히 안으로 굽는다**

사람들은 자신과 비슷한 사람을 신뢰한다. 뇌과학적으로는 이를 '내집단 편향in-group bias'이라 부른다. '우리 편'이라고 인식하는 순간 상대에 대한 신뢰도가 올라가고 경계심은 낮아진다. 반대로 '저 사람은 나랑 다르다'고 느끼면 본능적으로 배척하려는 심리가 작동한다. 이는 우리의 먼 선조들이 위험으로부터 살아남기 위해 선택했던 생존 전략에서 기인한 본능이다.

'너랑 내가 같아?' 트리거는 두 가지 방향으로 작동한다.

첫째는 '포함inclusion'이다. '너도 이 그룹이야'라고 직접 말해주는 방식이다. 예를 들어, 교육열 높은 부모들이 선택했다는 말에 가만히 있을 엄마들은 드물다. 마찬가지로 외제차 타는 사람들이 선택했다는 발수코팅제는 국산차를 타는 사람의 마음까지도 흔든다. 그들이 선망하는 집단에 속하고 싶기 때문이다.

둘째는 '배제exclusion'다. '넌 저 그룹 아니지?'라고 말하며 간접적으로 자극하는 것이다. "대충 쓰고 퇴근하는 사람은 모르는 카피라이터의 디테일"이란 문장을 보자. 우리는 이 문장을 보는 순간 '대충 쓰고 퇴근하는 사람'이 아니라는 걸 증명하기 위해 기꺼이 그 책을 산다. 페르소나가 싫어하는, 혹은 절대 되고 싶지 않은 모습을 제시하면서 '넌 저들과 다르지?'라고 자극하는 것이다.

	초대의 '포함'과 자극의 '배제', 언제 써야 할까?	
전략	핵심 메시지	적합한 제품군
포함	"당신도 특별한 집단의 일원입니다."	명품, 프리미엄 서비스, 전문가용 제품
배제	"당신은 저들과 다릅니다."	취향 기반 제품, 틈새시장 공략, 전문 기술

포함은 "당신도 충분히 이 집단에 속할 수 있어요"라는 환영의 메시지이다. "성공한 사람들의 선택", "VIP들이 즐기는" 같은 표현이 여기 해당한다. 반면 배제는 "당신은 저런 사람들과 다르잖아요"라는 자존심의 메시지이다. "명품을 한 번도 안 사본 사람들은 모르는 가죽의 품질" 같은 표현으로 고객을 압박한다. 재미있는 사

실은 사람들은 어떤 집단에 포함되고 싶은 욕구보다, 특정 집단에서 배제당하고 싶지 않은 두려움이 더 크다는 점이다. 배제되는 순간 생존을 위협받았던 수만 년 전의 유전자가 아직도 우리를 괴롭히고 있기 때문이다. 조금 더 자극적으로 팔고 싶은가? 그렇다면 배제의 선을 굵게 그어보라.

단순한 제품 자랑을 넘어, 고객의 소속감을 건드리는 카피는 브랜드에 대한 충성도를 높인다. 다음 사례들을 통해 포함과 배제가 어떻게 문장으로 구현되는지 확인해보자.

[Case Study] '나'와 '우리'를 연결하는 소속감 비포 & 애프터		
제품/서비스	Before (평범한 설명)	After ('소속감 자극하기' 적용)
프리미엄 커피 원두	고품질 원두로 만든 스페셜티 커피	커피를 잘 아는 사람들은 ○○원두만을 고집합니다.
고급 만년필	전문가용 프리미엄 만년필	볼펜으로 계약서 쓰는 사람들은 모르는 만년필의 품격
육아 교육 프로그램	영어 조기교육 프로그램	강남 엄마들 10명 중 8명이 선택한 영어 프로그램

이론으로 배운 '내집단 편향'을 이제 당신의 제품에 녹여낼 시간이다. 고객이 동경하는 집단에 슬쩍 밀어 넣어줄 것인가, 아니면 그들이 결코 되고 싶지 않은 집단과 선을 그어줄 것인가? 전략에 따라 문장의 온도가 어떻게 달라지는지 직접 체험해보자.

1	제품	유기농 와인
	이유	☐ 포함 ☐ 배제 · 선택의 이유:
	카피 예시	· 포함: **와인 애호가들이 모이는 곳에서 항상 회자되는 그 와인.** · 배제: **마트 와인으로 만족하는 사람들**은 이 떫은맛을 이해 못 해요.
2	제품	프리미엄 러닝화
	힌트	☐ 포함 ☐ 배제 · 선택의 이유:
	카피 예시	· 포함: **동아마라톤 완주자** 10명 중 7명이 신는 러닝화. · 배제: **동네 산책만 하는 분들**은 이 쿠셔닝의 차이를 모릅니다.
3	제품	고급 주방칼
	힌트	☐ 포함 ☐ 배제 · 선택의 이유:
	카피 예시	· 포함: **요리 좋아하는 사람들**이 하나씩 장만하는 그 칼. · 배제: **칼도 재료임을 이해하지 못하는 분들**에게는 과분한 칼입니다.

포함과 배제는 결국 고객의 자존감을 어떻게 다루느냐의 문제다. 고객을 우리가 만든 울타리 안으로 초대하거나, 그들이 기피하는 집단으로부터 탈출시켜줄 때 당신의 카피는 단순한 광고가 아닌 '강력한 신호'가 된다. 당신의 페르소나가 가장 소속되고 싶어 하는 곳은 어디인가? 그 지점을 찾아 문장으로 선을 그어보길 바란다.

트리거 ⑬
후광 효과에 업혀 가기

+ **하나를 보면 열을 믿게 만드는 기술**

사람들은 한 가지 긍정적인 특성을 보면 그 대상의 다른 모든 것도 긍정적으로 평가하는 경향이 있다. 심리학에서는 이를 '후광 효과 halo effect'라 부른다. 1920년 에드워드 손다이크의 연구가 그 시초다. 군 장교들에게 부하들을 평가하게 했더니, 체격이 뛰어난 병사는 지능, 리더십, 성실성까지 모두 높게 평가받았다. 인지적 편향이 불러온 씁쓸한 결과일 수 있지만, 어쨌든 한 가지 장점이 다른 모든 평가에 절대적인 영향을 미친 것이다.

마케팅에서는 유명인, 권위자, 유명 기관의 힘을 빌려 제품 전체의 가치를 높이는 방법으로 후광 효과가 매우 흔하게 사용된다. '저 사람이 쓴다면, 혹은 추천한다면 좋은 거겠지'라는 심리를 이용하는 것이다. "세계 판매 1위 테팔", "KBS가 선택한", "만족도 5.0점"처럼 구체적인 후광을 제시하는 것이 핵심이다. 이때 중요한 것은 페르소나가 진정으로 신뢰하는 대상을 찾는 것이다. 고등학생들은 아이돌이 쓰는 립 틴트를 찾아 올리브영으로 달려가지만, 멋진 근육을 가진 60대 할머니가 추천하는 프로틴에는 아무런 반응을 보이지 않을 수 있기 때문이다.

가진 게 없는 신생 브랜드라면 어떻게 후광 효과를 만들어낼 수 있을까? 신생 브랜드는 "세계 1위"도 없고, "유명인 협찬"도 없으며, "만족도 5.0"이라는 데이터도 부족하다. 그렇다면 후광을 포기해야 할까? 아니다. 후광은 꼭 객관적인 데이터에서만 나오는 게 아니다. 우리가 가진 것, 우리가 선택한 것, 우리가 거부한 것에서도 강력한 상대적 후광은 만들어진다.

_ **우리가 가진 것: 창업자의 경력이 후광이 된다**

"15년 경력 피부과 의사가 직접 만든 화장품", "전 신라호텔 수석 셰프가 차린 비스트로", "삼성전자 디자이너 출신이 설계한 의자" 같은 문구에서처럼 창업자의 이력이 곧 제품에 대한 신뢰로 이어진다. 여기서 중요한 건 경력과 제품이 논리적으로 연결되어야 한다는 것이다. 예컨대 피부과 의사가 만든 화장품에는 신뢰가 가지만, 인플루언서가 아닌 이상 피부과 의사가 만든 가방에는 의문이 들 수밖에 없다.

우리가 선택한 것: 과정의 정성이 후광이 된다

시간과 노력은 그 자체로 가치를 만든다. "43년간 단 한 번도 레시피를 바꾸지 않은 집", "72시간 저온 숙성한 삼겹살", "장인이 사흘 동안 손으로만 깎아낸 목기". 숫자로 표현된 시간은 고객에게 정성으로 읽힌다. '빠르고 편리함'이 미덕인 시대에, 느리고 불편한 과정을 고집한다는 건 그만큼 품질에 자신 있다는 강력한 신호가 된다. "아토피로 고생하는 아들을 위해 7년간 연구한 로션"과 같은 서사는 세상에 나와 있는 수많은 바디로션 중 우리 제품을 유일한 존재로 만든다.

우리가 거부한 것: 하지 않은 선택들이 후광이 된다

"홈쇼핑 나가면 열 배는 벌겠지만 동네 손님만 받아요", "인건비 핑계로 가격 올리려는 마음을 꾹 눌렀어요" 등등. 우리가 거부한 것들이 도리어 우리를 빛내줄 때가 있다. 특히 안전이 직결된 제품일수록 '무엇을 넣었는지'보다 '무엇을 넣지 않았는지'가 더 강력하다. 중요한 건 '왜 거부했는지' 그 이유를 분명히 밝히는 것이다. '그냥 안 넣었어요'보다 "○○에는 '이만하면'은 없습니다. 유해 성분 ××종 전체 제외"가 훨씬 더 깊은 신뢰를 준다.

제품	구분	After ('후광 효과' 적용)
수제 만두	창업자 경력	영양사 출신이 직접 속을 배합한 육즙 팡팡 수제 만두
	과정 및 시간	10년간 단 한 번도 바꾸지 않은 레시피, 할머니 손맛 그대로
	거부와 포기	업계가 다 쓰는 ○○○, 영양사가 쓸 리가 있나요? (그래서 유통기한 짧아요)

이처럼 후광은 만드는 것이다. 없으면 빌리고, 빌릴 것도 없으면 우리가 가진 것에서 찾아내면 된다. 중요한 건 그 후광이 진짜여야 한다는 것이다. 거짓 경력, 과장된 스토리, 없는 거부를 지어내면 오히려 신뢰를 잃는다. 우리에게 진짜로 있는 것, 진짜로 한 선택, 진짜로 거부한 것을 찾아 빛을 비추자.

이제 당신의 브랜드가 가진 후광을 찾아볼 차례이다. 창업자의 과거, 제품을 만드는 시간, 혹은 이익을 위해 포기했던 가치 중 무엇이 가장 밝게 빛나고 있는가? 다음의 실습을 통해 당신만의 후광 카피를 완성해보자.

후광 카피의 본질은 진정성이다. 우리에게 진짜로 있는 것, 진짜로 선택한 것, 진짜로 거부한 것에 집중하라. 그 진심이 후광이 되어 고객의 눈을 사로잡을 것이다.

[Training] 실전 카피 트레이닝

1	제품	프리미엄 원두커피
	이유	· 활용할 후광: ☐ 창업자 경력 ☐ 과정/시간 ☐ 거부한 것 · 선택의 이유:
	카피 예시	· 창업자 경력: **15년 경력 바리스타**가 은퇴하고 마지막으로 내리는 커피. · 과정/시간: **72시간 저온 로스팅, 하루 5kg만** 볶습니다. · 거부한 것: **카페 프랜차이즈 제안 3번 거절**, 카피될 수 있는 향기가 아니거든요.
2	제품	천연 화장품
	이유	· 활용할 후광: ☐ 창업자 경력 ☐ 과정/시간 ☐ 거부한 것 · 선택의 이유:
	카피 예시	· 창업자 경력: 아토피 딸을 위해 **화학공학 박사가 7년간 연구**한 크림. · 과정/시간: **43가지 성분 테스트** 끝에 단 5가지만 남긴 토너. · 거부한 것: **99% 브랜드가 쓰는 파라벤**, 저희만 뺐습니다.
3	제품	수제 가구
	이유	· 활용할 후광: ☐ 창업자 경력 ☐ 과정/시간 ☐ 거부한 것 · 선택의 이유:
	카피 예시	· 창업자 경력: **이케아 디자이너** 출신이 한국 아파트를 위해 설계한 책장. · 과정/시간: 디자인을 **설계하는 데만 2년**. 빨리 완성하면 빨리 불편해지니까요. · 거부한 것: 아무것도 꽂혀 있지 않을 때 예뻐 보이는 책장은 디자인하기 쉽지만, 고객님들께 필요한 건 **꽉 차 있을 때도 예쁜 책장**이니까요.

트리거 ⑭
호기심을 파고들기

＋ 궁금하면 500원, 뇌의 빈틈을 파고드는 호기심의 마법

인간은 정보의 빈틈을 결코 견디지 못하는 본능을 지니고 있다. 심리학에서는 이를 '정보 격차 이론information gap theory'이라 부른다. 조지 로웬스타인의 연구에 따르면, 사람들은 알고 있는 것과 알고 싶은 것 사이에 격차가 생기면 그 빈틈을 채우고 싶은 강렬한 욕구를 느낀다. 이것이 바로 호기심의 본질이다.

'뭔가 비밀이 있나?'라는 생각이 드는 순간, 그 비밀을 알기 전까지는 계속 신경이 쓰이게 마련이다. 뇌가 미완성 상태를 불편하게 느끼는 이유는 생존과 직결되어 있기 때문이다. 건너편에 보이는 물체가 굶주린 표범인지, 그저 풀밭에 드리운 그림자인지 정확히 파악하지 못하면 목숨을 잃던 시대를 수만 년 동안 겪어온 탓이다. 드라마나 웹툰, 웹소설도 완결이 나야만 우르르 몰아서 보는 독자들이 있지 않은가? 그들은 다른 사람들보다 더 예민하게 미완성의 불편함을 느끼는 타입일지도 모른다.

'궁금하면 500원' 트리거는 정보의 일부만 공개하고 나머지는 의도적으로 숨기는 것이다. "대체 왜 이렇게 편한가?", "모르셨을 사실이 있어요", "비밀이 있습니다"처럼 호기심을 자극하는 것이 핵심이다. 딱히 궁금하지도 않고 한 번도 생각해본 적 없던 정보라도 미완성의 형태로 전달되는 순간, 고객들의 호기심을 자극하게 된다. (표범이면 어떡하지? 하는 심리가 발동하는 것이다.)

너무 명확하게 다 말하면 궁금증이 생기지 않고, 너무 애매하면 관심이 사라지고 만다. 이야기하되 다 말하지 않을 때 비로소 시선이 머무는 법이다. "이 제품이 단종되지 않는 이유가 있습니다"처럼 이유가 있다는 사실만 알려주고, 무엇인지는 클릭해야 알 수 있게 만드는 것이다. 또 다른 방법은 반전을 예고하는 것이다. "처음엔 비싸다 생각했는데…", "쓰기 전까진 몰랐어요" 같은 표현이 여기 해당한다.

이 법칙은 특히 상세페이지, 광고, 제목에서 압도적인 위력을 발휘한다. 클릭을 유도해야 하는 상황에서 호기심은 가장 효과적인 무기다. 제품의 비밀스러운 제조 과정, 의외의 원료, 예상 밖의 사용법처럼 '이게 왜?'라는 질문을 던질 수 있는 포인트를 찾아내자.

이 전략은 롱셀러 제품이나 스테디셀러 제품에도 효과적이다. "왜 10년째 잘 팔릴까?"처럼 오래된 것의 비밀을 파헤치는 관점으로 접근하면 된다. 중요한 건 저급한 낚시성 제목이 되지 않는 것이다. 궁금증을 유발했으면 반드시 그에 걸맞은 답을 본문에서 줘야 한다. 클릭했는데 별 내용이 없으면 고객은 즉시 신뢰를 거둔다. 우리가 숱한 광고들에 지쳐 신뢰를 잃어버린 것처럼 말이다.

[Case Study] '뻔한 설명'을 '풀고 싶은 수수께끼'로 바꾼 비포 & 애프터		
제품/서비스	Before (평범한 설명)	After ('호기심 파고들기' 적용)
스테디셀러 후라이팬	20년째 판매 중인 베스트셀러	20년간 단종 안 되는 이유, 바닥 두께에 있습니다.
프리미엄 베개	숙면을 도와주는 메모리폼 베개	일주일 써보니까 왜 반품률 0.01%인지 알겠더라고요.
건강식품	건강하게 식단관리를 돕는 건강식품	먹고 싶은 거 다 먹는데 몸은 그대로인 비밀, 성분표 3번째 줄에 있습니다.

이제 당신의 제품에 '지적 허기'를 유발할 차례이다. 모든 것을 한꺼번에 보여주려 하지 마라. 가장 매력적인 정보 하나를 슬쩍 감추는 것만으로도 고객은 스스로 당신의 이야기를 찾아올 것이다.

		[Training] 실전 카피 트레이닝
1	제품	스테디셀러 립밤
	힌트	· 왜 오래 팔리는지 궁금하게 만들기 · 숨겨진 비밀이나 이유 암시하기 · 반전 예고하기
	카피 예시	아직도 모르세요? **15년째** 난리 난 이 립밤의 비밀.
2	제품	무선 청소기
	힌트	· 사용 전/후 반전 암시하기 · 왜 편한지 궁금증 유발하기 · 의외의 포인트 숨기기
	카피 예시	처음엔 **무거워 보였는데**… 3분 써보니 이해했습니다.
3	제품	프리미엄 밀키트
	힌트	· 가격에 대한 반전 암시하기 · 왜 비싼지 궁금하게 만들기 · 모르는 사실 예고하기
	카피 예시	**밀키트 주제에 1인분 9,900원?** 받아보시면 오히려 너무 싸다고 생각하실걸요?

호기심은 고객의 발걸음을 멈추게 하는 가장 강력한 자석이다. 고객이 알고 있는 정보와 당신이 가진 정보 사이의 격차를 영리하게 활용해보라. 뇌의 불편함을 해소해주겠다는 당신의 제안에, 고객은 기꺼이 클릭이라는 보상을 건넬 것이다.

미끄러짐은
도약을 위한
가장 우아한 준비다

+ **미끄러지지 않고는 결코 높이 점프할 수 없다**

초등학교 3학년 때부터 지금까지 곁을 지켜온 제일 친한 친구가 뒤늦은 나이에 대학원에 입학하며 깊은 암흑기를 보낸 적이 있다. 한불 통번역 대학원이라는 높은 벽, 쟁쟁한 유학파들 사이에서 순수 국내파로 분투하는 친구를 지켜보는 것 말고는 내가 할 수 있는 게 없었다. 그때 친구에게 꼭 보여주고 싶어 스크랩해둔 칼럼이 하나 있다.

글리사드Glissade는 단어 자체가 '미끄러지다'라는 뜻을 담고 있다. … 관객들이 작품을 보는 동안 글리사드를 눈치채기 쉽지 않은 이유는 이 동작이 메인 동작이 아니라 주요 동작을 잇는 연결 동작이기 때문이다. … 글리사드가 일종의 '도움닫기 동작'인 것이다. 메인 동작이 아님에도 불구하고 글리사드가 중요한 이유가 있다. 각 메인 동작을 점이라고 한다면, 글리사드와 같은 연결 동작은 그 점들이 흩어지지 않도록 이어서 춤이 하나의 선으로 표현되게 만든다. … 실패가 성공의 어머니로 불리는 이유는 미끄러지는 과정에 다음 단계로 나아가게 해주는 응축된 힘이 있기 때문일 것이다.

이단비 무용평론가가 《한국경제》 2024년 3월 2일자에 기고한 칼럼 "미끄러지는 곳에서, 결국 봄이 온다" 중 한 대목이다. 돌아보면 우리 삶에서도 그때 미끄러져서, 혹은 실패해서 도리어 천만다행인 일들이 있다. 우리가 지금 누리고 있는 것, 지금 손에 쥔 것의 바탕에 당시의 실패가 있었다는 사실을 부정할 수 없다. 그렇게 봄은 추운 겨울을 견디며 차디찬 얼음장 위에서 미끄러지다가 비로소 찾아온다.

암흑기를 겪는 누군가는 "힘내! 넌 할 수 있어!" 같은 짧고 굵은 말보다, 어쩌면 이런 긴 호흡의 글을 기다리고 있을지도 모른다. 적어도 나라면 그랬을 것 같다. 사실 "힘내!"와 '글리사드'의 본질은 같다. "지금은 힘들지만 곧 도약하는 순간이 온다!"라는 메시지 말이다. 하지만 전달되는 마음가짐이나 무게감, 그 결은 완전히 다르다.

카피라이팅도 마찬가지다. 우리는 지금까지 열네 가지 트리거를 치열하게 익혔다.

① 쉬움으로 진입 장벽을 낮추고,

② 손실로 불안을 건드리고,

③ 가격에 닻을 내리고,

④ 호기심을 자극하고,

⑤ 공감으로 신뢰를 쌓고,

⑥ 오감으로 생생함을 더하고,

⑦ 언더독으로 응원을 유도하고,

⑧ 희소성으로 조급함을 만들고,

⑨ 사회적 증거로 안심을 주고,

⑩ 죄책감으로 의무감을 심고,

⑪ 게으름으로 유혹하고,

⑫ 내집단으로 소속감을 주고,

⑬ 후광으로 신뢰를 빌리고,

⑭ 정보 격차로 궁금증을 남겼다.

똑같은 제품도 어떤 법칙을 쓰느냐에 따라 완전히 다른 느낌으로 전달된다. 텀블러 하나를 팔더라도 트리거 ⑤(공감)로 접근하면 "커피 한잔 맘 놓고 사러 가지 못하던 신입사원 시절, 8시간 차가운 텀블러가 얼마나 간절하던지"가 되지만, 트리거 ⑩(죄책감)으로 접근하면 "일회용 컵 하루 2개씩, 1년이면 730개를 버리셨네요"라며 마음을 찌른다.

완벽한 카피는 없다, 오직 나만의 도약이 있을 뿐

지금 당장 눈에 보이는 결과가 없어도 괜찮다. 트리거 ①을 익히고, ②를 연습하고, ⑭까지 써보는 이 시간들이 차곡차곡 쌓여 당신의 위대한 도약이 된다. "어? 이거 누가 썼어?" 하는 팀장님 질문에 팀원들의 시선이 당신을 향할 때, "메뉴 설명 보고 홀린 듯 시켰는데 진짜 맛있어요!" 같은 고객 리뷰가 달릴 때, 당신은 비로소 알게 될 것이다. 아, 그때 무수히 미끄러졌던 시간들이 모두 여기로 이어졌구나.

완벽한 카피는 없다. 어쩌면 우리 모두가 아는 '국민 카피'들조차 완벽하지 않을지도 모른다. 그렇기에 이 열네 가지 트리거는 당신에게 '이렇게만 쓰라'고 강요하지 않는다. 그저 '이런 식으로도 문장을 짤 수 있다'는 가능성을 보여줄 뿐이다.

①부터 ⑭까지 당신은 이제 열네 개의 글리사드를 갖게 되었다. 어떤 글리사드를 쓸지, 어떻게 조합할지, 어떤 소재를 더할지는 전적으로 당신의 선택이다. 이제 미끄러지는 과정은 끝났다. 당신이 높이 솟구쳐 오를 도약의 시간이다.

SKILL

카피를
무한 생성하는
문장 쓰기의 기술

어려운 과정 없이 이루어지는 일은 없다.
그러므로 어려운 말이지만, 고난도 즐기며 살아라.
그러면 삶이 더 행복하고,
나중에 누구도 모르는 작은 족적을 남길 수도 있을 것이다.

_ 2015년 2월 20일, 아빠가

한 줄의 카피를
무한대로 응용하는 법

+ **진정한 맛집은 단 하나의 메뉴로 승부한다**

진정한 맛집의 메뉴는 단 하나뿐이다. 손님이 들어서는 순간 사장님은 인원수부터 빠르게 스캔하시고, 자리에 앉기 무섭게 메뉴가 나온다. 십중팔구 이런 집의 인테리어는 1970년대에 멈춰 있고, 작정하고 찾아가야 할 만큼 시내와는 멀리 떨어져 있으며, 화장실은 식당 바깥에 있지만 사람들은 기꺼이 줄을 선다. (화장실 말고 식당 앞에.) 이유는 명확하다. 오직 '맛' 하나로 모든 불편함을 상쇄하기 때문이다.

이렇게 불편함투성이라도 사람들이 줄을 서는 맛집을 만들겠다고, 초보 사장님이 대중교통조차 닿지 않는 곳에 1970년대 콘셉트의 단일 메뉴 식당을 열었다고 해보자. 사람들이 찾아올까? 전혀 아니다. 대체 뭘 믿고 가겠는가? 하지만 이미 오픈한 식당의 문을 무작정 닫을 수도 없는 노릇이다. 이럴 때 사람들을 끌어당기는 방법은 맛있는 메뉴들을 다양하게 준비하는 것이다. "뭘 시켜도 다 맛있는 집"이란 소문이 일단 나기 시작하면 사람들은 자연스레 줄을 설 테니까. 사실 우리가 이런 원리를 모르는 건 아니지 않은가.

카피를 쓰는 사람들도 마찬가지다. 이제 막 카피라이팅에 눈을 떴다면 어떤 수정도 필요 없어 보이는 "진심이 짓는다" 같은 카피를 한방에 써낼 순 없다. 그 대신 수십 개의 카피를 써보며 그중에서 더 나은 걸 골라가는 과정을 통해 최종안을 줄여가야 한다. 이럴 때 오직 열네 가지 카피만 쓸 수 있다면? 표현의 한계에 부딪혀 어딘가 아쉬울 터. 그래서 열네 가지 카피를 거의 무한대로 응용해 변주를 줄 수 있는 법을 소개하려 한다.

순서 바꾸기: 결론부터 던져야 시선이 머문다

+ 금붕어보다 짧아진 집중력, '골든타임'을 사수하라

유튜브의 30초 광고가 싫어 15초를 기다리고, 15초 광고가 싫어 5초 뒤 '건너뛰기'를 연타하는 시대이다. 고객들은 유례없이 참을성이 사라지고 있다. 실제로 마이크로소프트의 2015년 연구에 따르면, 인간의 평균 집중력은 2000년 12초에서 2013년 8초로 감소했다. 그로부터 10년이 더 지난 지금의 집중력이 어떨지는 상상도 하기 싫다. 금붕어의 집중력이 9초라는 점을 고려하면 우리는 점점 더 금붕어만도 못한 존재가 되어가고 있다. (어쩌면 머지않아 AI가 아니라 금붕어가 우리를 대신해 카피를 쓰는 날이 올지도 모를 일이다.)

그러니 같은 문장이더라도 고객이 듣고 싶은 말, 즉 결과부터 바로 내어줄 때 주목도가 올라간다. 핵심은 문장을 뒤집어 '두괄식'으로 수정하는 데 있다. 예를 들어 "너무 푹 자서 죽었다 깬 기분이에요"와 "저 완전 죽었다 깼잖아요! 너무 푹 잤거든요"는 같은 내용이지만 느껴지는 속도가 다르다. 우리 제품이나 서비스가 고객들에게 가져다줄 변화가 강렬할수록 문장의 순서만 바꿔도 말맛이 확 살아난다. 습관적으로 'A해서 B다'라고만 쓰지 말고, 'B다, 왜냐하면 A니까'라는 파격을 시도해보자.

[Case Study] 결론을 앞으로 당겨 시선을 낚아채는 비포 & 애프터		
제품/서비스	Before (관습적인 흐름)	After ('순서 바꾸기' 적용)
수면 베개	목을 받쳐줘서 숙면에 도움이 됩니다.	목이 시원하다니까요? 각도만 달라졌을 뿐인데.
식단 관리용 냉동 볶음밥	저칼로리 재료로 만들어 부담 없이 먹을 수 있어요.	부담 없이 드세요, 한 그릇이 200kcal니까.
무소음 키보드	소음이 적어서 사무실에서 눈치 안 보고 칠 수 있어요.	옆자리 눈치 제로, 도서관보다 조용한 타건음.
논슬립 매트	미끄럼 방지 코팅으로 안전하게 사용할 수 있어요.	이보다 더 안전할 수 있을까? 특수 코팅이라 안 미끄러져요.
보온 도시락	진공 단열 구조라 따뜻함이 6시간 유지돼요.	입천장 조심하세요! 점심 때까지 뜨거운 진공 단열이거든요.

이제 당신의 문장을 뒤집어볼 차례이다. 고객이 얻게 될 '최종

결과'나 '감탄사'를 문장 맨 앞으로 배치해보자. 이유와 원리는 그 다음에 설명해도 늦지 않는다.

[Training] 실전 카피 트레이닝

1	원문	통기성이 좋아서 발이 안 답답해요.
	힌트	결과(발 안 답답함)를 먼저 말하면?
	예시	**발가락 사이사이 환기된 이 기분!** 메쉬 소재라 통풍도 완벽하죠.
2	원문	방수 기능이 있어서 비 와도 걱정 없어요.
	힌트	결과(걱정 없음)를 강조하려면?
	예시	**비 오는 날 러닝? 오히려 좋아!** IPX7 방수 등급이니까.
3	원문	보온력이 뛰어나서 겨울에도 따뜻해요.
	힌트	극적인 결과(반소매 입을 정도)를 앞에 둔다면?
	예시	**한겨울인데 패딩 속은 반소매**, 이게 바로 폴란드 구스의 위력.

순서만 바꿔도 지루한 설명문이 흥미진진한 초대장으로 변한다. 고객이 가장 먼저 반응할 '달콤한 열매'를 먼저 보여주고, 그 열매가 왜 달콤한지는 천천히 설득해보라. 문장의 첫머리가 바뀌는 순간, 클릭률의 숫자도 함께 바뀌기 시작할 것이다.

단어 바꾸기: 키워드 하나로 카피를 무한 생성한다

+ **아메리카노에서 에너지 드링크로 뻗어가는 변주의 힘**

피곤할 때 마시는 음료라고 하면 역시 한국인의 혈관에 흐르는 (아이스) 아메리카노가 가장 먼저 떠오를 것이다. 그렇기에 우리는 다음과 같은 카피를 쉽게 상상할 수 있다.

베개만 바꿨을 뿐인데 하루 2잔 커피가 1잔으로 줄었어요!

그런데 피곤할 때 마시는 음료가 커피밖에 없을까? 그렇지 않다. 박카스, 레드불, 핫식스, 몬스터 에너지, 스누피 커피 우유 등 선택지는 무궁무진하다. 그뿐만이 아니다. 피곤이 극에 달하면 커피에 샷 추가를 하기도 하지 않는가. 자, 우리는 지금 한 줄의 카피가 무한대로 증식하는 생생한 현장을 보고 있다.

- 베개만 바꿨을 뿐인데 '에너지 드링크' 사러 '편의점을 안 가요.'
- 고1 딸이 그놈의 '스누피 커피 우유'를 드디어 '끊더라고요.'
- 베개 바꾸고 '샷 추가 안 한 커피' 본연의 맛을 '알게 되었어요.'

바꿀 수 있는 지점만 찾아내면 끝, 정말 이렇게 쉬울 수가 없다. '단어 바꾸기'는 내가 쓴 카피의 문장 구조를 웬만해서는 건드리지 않는다. 핵심 단어, 즉 키워드만 교체해 완전히 다른 카피를 만드는 것이다. 이는 놀라울 정도로 쉽고 강력한 기법이다.

한 줄의 카피를 쓰면 다른 단어로 교체할 수 있는 지점을 찾아보자. "베개만 바꿨을 뿐인데 하루 2잔 커피가 1잔으로 줄었어요"라는 문장에서 교체 가능한 지점은 두 곳이다. 첫째, '커피'라는 소재. 둘째, '줄었어요'라는 변화의 표현이다. 이 두 곳만 바꿔도 열 개, 스무 개 카피가 술술 나온다.

쉽게 접근하고 싶다면 일단 같은 카테고리 안에서 시작하는 것이 좋다. 커피를 에너지 드링크와 스누피 커피 우유로, '음료'라는 카테고리 안에서 먼저 바꾼 뒤에 '샷 추가'처럼 부수적인 카테고리로 차근차근 확장해나가는 식이다. 에너지 드링크를 마시는 2030 직장인, 스누피 커피 우유를 찾는 고등학생, 샷 추가하는 카페인 중

독자. 단어 하나만 바꿨는데 타깃이 완전히 달라지는 즐거운 경험은 덤이다. 이렇게 한 줄의 카피에서 교체 가능한 지점을 몇 개만 찾아도 조합의 수는 기하급수적으로 늘어난다. 이 법칙을 사랑할 수밖에 없는 이유다.

[Case Study] 키워드 치환을 통한 타깃 및 상황별 카피 확장		
제품/서비스	Before	After ('단어 바꾸기' 적용)
탈모 샴푸	매일 아침 **배수구 청소**했는데 이제 **일주일에 한 번**이에요.	아침마다 **바닥에 떨어진 머리카락 주웠는데** 이제 **거의 안 해요.**
주방 가위	**닭 손질**할 때마다 **칼 꺼냈는데,** 이제 가위 하나로 끝이에요.	**간단한 요리** 할 때에도 **도마 꺼내는** 요리 초보인데 이제 가위 하나로 끝이에요.
버티컬 마우스	**퇴근 후 손목 찜질?** 안 한 지 한 달 넘었어요.	**일하다 손목 스트레칭**하던 거, 안 한 지 한 달 넘었어요.
선크림	**처음엔 수분크림으로 잘못 보고 막 발랐다니까요?** 그만큼 촉촉해요.	**이제는 수분크림 대신** 막 바른다니까요? 그만큼 촉촉해요.
기능성 티셔츠	**말하기 전**까진 기능성 티셔츠인지 **아무도 몰라요!**	**만져보기 전**까진 기능성 티셔츠인지 **엄마도 눈치 못 채더라고요!**

이제 배운 내용을 바탕으로 직접 단어를 바꿔볼 차례다. '단어 바꾸기'는 문장 구조를 건드리지 않고 핵심 단어(키워드)만 교체해서 완전히 다른 카피를 만드는 기법이다. 문장 구조는 그대로 두되, 교체 가능한 2~3개의 지점을 찾아 타깃이 완전히 달라지는 마법을

부려보자.

1. 교체 가능한 지점을 찾아라 (보통 2~3개)

2. 같은 카테고리 안에서 먼저 바꿔보라.

3. 단어 하나만 바꿔도 페르소나가 완전히 달라지는 걸 확인해보자.

[Training] 실전 카피 트레이닝

1	제품	무선 이어폰
	원문	출근길 지하철에서 줄 풀다가 짜증 낸 적 있죠? 이젠 그런 거 없어요.
	예시	운동할 때 줄 걸려서 이어폰 빠진 적 있죠? 이젠 그런 거 없어요.
2	제품	반려동물 자동 급식기
	원문	주말에 여행 가려면 지인한테 맡겼는데 이제 그냥 가요.
	예시	명절마다 고향 내려갈 때 부탁할 친구 찾아다니느라 고생했는데, 이젠 그냥 가요.
3	제품	방음 커튼
	원문	새벽 배달 오토바이 소리에 깨던 주말, 이제 푹 자요.
	예시	교대 근무 끝나고도 창밖 버스 소리 때문에 잠들기 힘들었는데, 이젠 꿀잠이 기다려요!
4	제품	블루라이트 차단 안경
	원문	철야하는 동안 인공눈물 한 번도 안 넣었더라고요!
	예시	중간고사 때문에 인강 몰아듣기 하는 동안 눈 마사지 한 번도 안 했어요!

5	제품	순면 브라렛
	원문	운동복 입어도 티 안 나서 헬스장 갈 때 자신감 생겼어요.
	예시	일하는 내내 답답하지 않고 편안하니까 사무실에서 괜히 더 자신감 있고 당당한 느낌? 너무 좋아요!

변화구 주기:
뻔한 기대를 배신할 때
시선이 멈춘다

+ **뇌는 예측 불가능한 정보에만 '주목' 버튼을 누른다**

"너네는 이런 거 피지 마라."

이 문장을 읽었을 때 십중팔구 '담배'를 생각했겠지만, 정답은 '책'이었다.

이처럼 예상을 벗어난 표현은 즉각적으로 주목도를 높인다. 우리가 자극적인 '어그로'를 욕하면서도 매번 클릭할 수밖에 없는 이유다. 인지심리학에서는 이를 '기대 위반 이론expectancy violation theory'이라 부른다. 뇌는 예측 가능한 정보에는 주의를 덜 기울이고, 예측 불가능한 정보에는 주의를 집중한다. 이유는 단순하다. 예측 불가

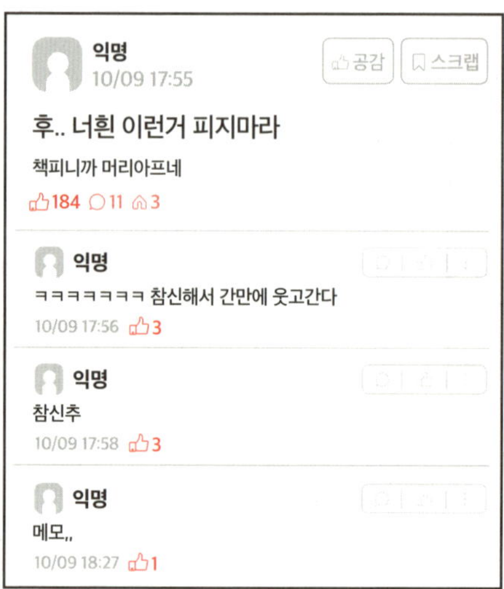

능한 정보에 주의를 덜 기울였던 선조들은 천적에게 죄다 잡아먹히고 살아남지 못했기 때문이다.

"이 침대는 좋습니다"는 뇌가 예측 가능해서 스쳐 지나가지만, "침대는 가구가 아닙니다"는 예측의 경로를 벗어나서 뇌가 멈춘다. '뭐라고? 가구가 아니면 뭔데?'라는 궁금증이 생기는 순간 카피는 성공한 것이다. 덕분에 전 국민이 알게 되지 않았는가. 침대는 가구가 아니라 '과학'이란 걸 말이다.

+   **뇌의 허를 찌르는 4가지 변화구 전략**

카피의 말맛을 살리고 시선을 묶어두는 변화구는 크게 네 가지로 나눌 수 있다.

- 첫째, 부정하기. "이건 ○○가 아닙니다"처럼 제품의 정체성을 정면으로 부정하는 방식이다. 침대가 가구가 아니라 과학이라고 재정의한 것이 대표적이다. 당연한 정의를 부정함으로써 새로운 가치를 발견하게 만든다.
- 둘째, 역설하기. "소리 없는 아우성"처럼 겉보기에는 모순이지만 그 안에 깊은 의미가 있는 표현이다. "신을수록 불편한 구두입니다(다른 구두가 불편해져서)"처럼 매력적인 반전을 품고 있다.
- 셋째, 낯설게 하기. 통념에 반대되는 표현으로 시선을 끄는 것인데, "자기 전에 마시는 커피", "한겨울에 먹는 빙수"처럼 일반적 상식과 반대로 가는 것이다. 익숙한 것을 낯선 맥락에 놓을 때 호기심이 폭발한다.
- 넷째, 반복하기. 같은 구조나 단어를 반복해 리듬감과 강조 효과를 주는 것이다. 자연스러운 운율을 형성해 입에 착착 붙게 한다.

이 네 가지 변화구를 적용해보다 보면, 어느새 한 줄의 카피가 무한대로 변주되는 신기한 경험을 하게 될 것이다. 이제 하나씩 살펴보자.

변화구 ①
질문을 유도하는
'부정하기'

+ **"A는 A가 아니라 B 혹은 C다"**

- "침대는 가구가 아니라 과학이다." → 과학적이라 자신하는 기능을 알리는 카피의 정석

- "술이 아니라 시간입니다." → 한잔의 술을 빚는 데 걸리는 시간을 감성적으로 알리며 마음을 매만지는 카피

- "매트리스가 아니라 8시간의 무중력입니다." → 숙면에 도움이 되는 기술력을 가치 중심으로 알리는 카피

- "신발이 아니에요, 미리 들어두는 무릎 보험입니다." → 쿠셔닝의 원리를 고객의 건강과 연결해 설명하는 카피

이처럼 제품의 정체성을 정면으로 부정하면 고객의 뇌가 멈춘다. '그럼 대체 뭔데?' 하고 궁금해하는 이 한 순간이 카피의 존재 이유가 된다. 예측 불가능한 정의를 붙여서 고객의 시선을 강력하게 사로잡아보자.

왜냐하면 위의 표에서 살펴볼 수 있듯 '부정하기'의 핵심이 단순히 '아니다'라고 말하는 게 아니기 때문이다. 오히려 "이것이 아니라 저것이다"라는 새로운 정의를 제시하는 것에 목적이 있다. "마우스가 아닙니다, 입사 동기 김 대리보다 든든한 사무실의 파트너죠"처럼 부정 뒤에는 반드시 더 강력한 긍정이 따라와야 한다.

소비자는 당신이 제품을 부정하는 순간 귀를 세우고, 그다음 문장에서 '진짜 정체가 뭔데?'에 대한 답을 찾으려 한다. 이 타이밍을 놓치지 말고 제품의 진짜 정체성을 강조해야 한다. 침대가 아니라 '과학'을 남긴 것처럼 말이다.

[Case Study] 제품의 이름을 지우고 그 자리에 '가치'를 채워 넣는다		
제품/서비스	Before (평범한 설명)	After ('부정하기' 적용)
향초	은은한 향으로 분위기 만들어요.	사지 마세요, 집 청소만으로 만족하는 분들은.
유아차	아이와 함께 오래 쓰는 유아차.	유아차가 아닙니다, 아이의 첫 승용차입니다.
러그	따뜻하고 포근한 거실 러그.	러그가 아니에요, 맨발로 밟는 행복입니다.

| 명함 지갑 | 고급 가죽으로 만든 명품 지갑. | 지갑이 아닙니다,
당신의 첫인상입니다. |
| 오래 입는
워싱 청바지 | 세월이 만들어준 멋스러운
청바지. | 옷이 아닙니다,
함께 늙어가는 친구입니다. |

이제 당신의 제품을 정면으로 부정해볼 차례다. 당연한 이름을 잠시 내려두고, 그 제품이 고객에게 주는 진짜 의미가 무엇인지 고민해보자. 부정의 문장이 날카로울수록 뒤따라오는 긍정의 가치는 더욱 빛이 난다.

[Training] 실전 카피 트레이닝

1	제품	미스트
	원문	수분 가득 촉촉한 미스트예요.
	예시	미스트가 아닙니다, 사막 같은 사무실에 내리는 단비입니다.
2	제품	커튼
	원문	빛 차단이 잘 되는 암막 커튼이에요.
	예시	커튼이 아니에요, 주말 아침 10시까지 자게 해주는 은인입니다.
3	제품	탁상 조명
	원문	눈이 편한 LED 탁상 조명이에요.
	예시	조명이 아닙니다, 자정 넘어도 책상을 떠나지 못하게 만드는 공범입니다.

4	제품	수세미
	원문	설거지가 잘 되는 수세미예요.
	예시	사지 마세요, 설거지 5분 만에 끝나면 귀찮다고 미룰 핑계가 없어지니까.
5	제품	그릇
	원문	예쁘고 실용적인 그릇이에요.
	예시	그릇이 아닙니다, 혼밥도 근사하게 만드는 마법입니다.

'부정하기' 기법은 고객의 고정관념을 깨뜨리고 우리가 원하는 프레임으로 고객을 초대하는 아주 영리한 방법이다. 제품이 가진 물리적인 속성 너머에 있는 진짜 정체를 찾아보라. 그 정체를 당당하게 내세우는 순간, 당신의 카피는 단순한 설명을 넘어 하나의 브랜드 철학이 될 것이다.

변화구 ②
상식을 배반하는
'낯설게 하기'

+ **익숙함을 배반할 때 비로소 '진짜 가치'가 보인다**

자기 전에 마시는 커피나 밤 10시에 비우는 아이스크림 한 통처럼, 통념과 반대되는 표현은 강렬하게 시선을 끈다. 잠시만, 이 원고를 쓰면서 한밤중에 비운 아이스크림이 너무 많기에 다시 예를 들어보겠다. 디카페인 커피를 "자기 전에 마시는 커피" 혹은 "엄마가 오히려 마시라고 권하는 커피"라고 부르는 식이다. 신사화를 "마라톤할 때 신는 구두"나 "한강을 산책할 때 신는 구두"라고 표현해보는 건 어떨까?

"카페인이 없어서 밤에도 마실 수 있어요"라고 쓰면 지루하지만, "자기 전에 마시는 커피"라고 쓰는 순간 고객의 뇌가 깨어난다. '낯설게 하기'는 상식을 완전히 뒤집는 게 아니라, 상식을 기분 좋게 비틀어서 보여주는 것이다. 기능 그 자체를 설명하는 게 아니라, 해당 제품군과 전혀 어울리지 않는 상황을 제시해 고객의 뇌가 한 번 더 의미를 곱씹을 수 있도록 유도하는 전략이다. 직관적이고 강렬한 데다, 커피에 시선을 더 오래 붙잡아두는 효과가 있다.

카피라이터들이 '낯설게 하기'를 사랑하는 이유는 아슬아슬한 균형을 기가 막히게 타는 데서 오는 짜릿함이 있기 때문이다. "자기 전에 마시는 커피"는 우리 커피가 숙면을 돕는다고 직접적으로 말하지 않는다. "마라톤 할 때 신는 구두" 역시 우리 구두가 운동화보다 편하다는 직접적인 비교를 피하면서도 그만큼 편안하다는 인상을 남긴다.

중요한 것은 진실을 재미있게 포장해야지, 결코 거짓을 지어내서는 안 된다는 점이다. 다이어트할 때 무조건 도움이 되는 아이스크림? 인류를 우주로 보내는 시대에도 아직 만들어내지 못한 허상일 뿐이다. 차라리 "밤 10시에 먹어도 죄책감 없는 아이스크림"이라는 표현이 훨씬 더 고객의 마음에 와닿는다.

[Case Study] 당연한 상식을 뒤틀어 제품의 강점을 극대화한 사례		
제품/서비스	Before (평범한 설명)	After ('낯설게 하기' 적용)
저소음 키보드	조용해서 사무실에서 쓰기 적합해요.	일하는 척해야 할 때 쥐약이에요. 부장님이 저 일 안 하는 줄 알더라니까요?
고농축 세제	조금만 써도 충분해요.	자린고비처럼 쓰셔도 충분합니다.
블루라이트 차단 안경	긴 작업에 꼭 필요해요.	밤샘할 각오가 되었다면 쓰세요.
강아지 우비	비 오는 날 젖지 않아요.	싹 다 젖었어요, 귀여운 네 발만!
원어민 1:1 영어 회화 서비스	초보자도 가능한 1:1 영어 회화 서비스	다 맞으려고 하는 거 아니잖아요. 틀릴수록 뽕 뽑는 1:1 영어 회화 서비스

이제 당신의 제품에 낯선 공기를 불어넣을 차례다. 제품이 가진 핵심 기능을 전혀 예상치 못한 상황이나 반어법적 유머와 연결해보자. 상식을 비트는 순간, 뻔한 광고는 흥미로운 이야기가 된다.

[Training] 실전 카피 트레이닝		
1	제품	방수 스피커
	원문	물에 젖어도 고장 안 나요.
	예시	이별 노래 부르다 마음껏 눈물 흘려도 괜찮아요 (울지마, 바보야! 난 정말 괜찮아).

2	제품	초경량 노트북
	원문	가벼워서 들고 다니기 편해요.
	예시	내 인생의 무게도 이렇게 가벼우면 좋겠다.
3	제품	숙취 해소 음료
	원문	술 마신 다음 날 아침에 드세요.
	예시	내일 아침 회의 있어도 2차 가세요.
4	제품	숙면 베개
	원문	숙면에 도움 드려요.
	예시	알람 3개 맞춰도 모자라요, 이 베개 때문에.
5	제품	초고속 충전기
	원문	30분이면 완충돼요.
	예시	점심시간 완충으로 퇴근길 유튜브 감상 준비 완료.

'낯설게 하기'는 고객의 지루함을 깨뜨리는 가장 우아한 반항이다. 제품을 설명하려 애쓰지 말고, 제품이 놓인 풍경을 바꿔보라. 고객이 "이게 대체 무슨 소리지?"라고 멈춰 서는 그 찰나의 순간에 당신의 메시지는 승리한다.

변화구 ③
모순된 문장으로
'역설하기'

+ **첫 문장은 배반하고, 두 번째 문장은 감동시켜라**

"마라톤할 때 신는 구두"와 "신을수록 불편한 구두"가 있다. 당신은 어떤 문장에 더 끌리는가? 얼핏 보면 둘 다 이상한 소리 같지만, 여기엔 아주 미묘하고도 강력한 차이가 숨어 있다. "마라톤 할 때 신는 구두"가 제품의 기능을 낯선 상황에 던져놓은 '낯설게 하기'라면, "신을수록 불편한 구두"는 문장 자체에 모순을 담은 '역설하기'의 영역이다.

"신을수록 불편한 구두입니다." 이 말도 안 되는 문장의 반전은 바로 뒤에 나온다. 구두가 이렇게 편할 수 있다는 사실을 마침내 알게 되어, 그간 돈 버려가며 신었던 예전 구두들을 생각하면 마음이 자꾸 불편해지기 때문이라는 논리다. 이게 바로 역설의 힘이다. "이것은 소리 없는 아우성"처럼 모순된 표현이 오히려 더 강렬한 의미를 전달한다. 역설의 경우 첫 문장 자체는 말이 안 되어야 한다. 하지만 뒤따라오는 두 번째 문장이 고객의 무릎을 치게 만들어야 한다.

사실 "신을수록 불편한 구두"는 실제로 시장에, 그리고 우리의 신발장에 언제나 존재한다. 따라서 첫 번째 문장 자체의 힘은 약할 수 있다. 하지만 그 뒷문장과 합쳐졌을 때의 시너지가 매력적이기에 우리는 역설을 선택한다. 첫 문장에서 "이게 뭔데?"를 느끼게 하는 '낯설게 하기'와의 차이점이 여기에 있다.

첫 문장이 약해서 고객들이 주목하지 않을까 봐 걱정된다고? 전혀 어려울 거 없다. 첫 문장에 더 강력한 힘을 주면 된다. 예를 들어보자.

경쟁사들은 우리더러 쓰레기라 부릅니다. 유통 마진을 파격적으로 줄여 업계 최저가로 판매하는 것밖엔 지은 죄가 없는데 말이죠.

우리가 진짜 쓰레기인가? 아니다. 고객 입장에서는 유통 마진을 높여서 거품 가격을 받는 다른 업체들을 시원하게 분리수거해주는 착한 존재일 뿐이다. 이런 사례는 얼마든지 만들어낼 수 있다.

제품/서비스	Before (평범한 설명)	After ('역설하기' 적용)
고급 양말	발이 편하고 통기성이 좋아요.	**신을수록 짜증 나더라고요,** 다른 양말들 다 버리게 생겼는데 이게 다 돈이 얼마냐고요!
프리미엄 매트리스	숙면에 도움을 드려요.	**일어나기 더 힘들어져요.** 너무 편해서 등을 뗄 수가 없거든요.
스마트폰 케이스	충격 흡수가 뛰어나요.	**폰 아끼시는 분들은 절대 사지 마세요!** 떨어뜨리는 게 무서워지지 않거든요.
룸 스프레이	은은한 향으로 기분 전환돼요	**쓰고 나면 후회합니다.** 집 밖이 악취로 가득하다는 걸 깨달을지도 모르거든요.
고급 스피커	음질이 너무 좋아요.	**듣고 나면 후회합니다.** 지금까지 들은 음악이 가짜였다는 걸 알게 되거든요.

이제 당신의 제품에 '기분 좋은 배신'을 담아볼 차례이다. 첫 문장에서 부정적인 뉘앙스를 풍기되, 두 번째 문장에서 그것이 사실은 엄청난 장점 때문이었음을 증명해보자.

[Training] 실전 카피 트레이닝

1	제품	편한 운동화
	원문	발이 편해서 오래 걸어도 안 아파요.
	예시	걷는 거 좋아하는 분들은 사지 마세요. 택시 탈 거리도 걸어다니게 돼서 살 너무 빠지거든요.
2	제품	맛있는 밀키트
	원문	집에서 쉽게 레스토랑 맛을 즐겨요.
	예시	요리 좋아하시면 사지 마세요. 요리를 끊게 됩니다.
3	제품	온라인 독서 모임
	원문	책 읽는 습관을 만들어드려요.
	예시	이사 가시게 될걸요? 읽을 책이 집 안을 꽉 채우거든요.
4	제품	구독형 꽃 배송 서비스
	원문	매주 신선한 꽃을 집으로 배송해드려요.
	예시	꽃 없는 공간을 참지 못하게 되는 부작용이 생깁니다.
5	제품	와인 큐레이션 앱
	원문	매달 엄선된 와인을 배송해드려요.
	예시	흠, 오히려 삶이 지루해지실 수도? 보물 같은 와인을 알아서 착착 찾아드리거든요.

변화구 ④
입에 착착 뇌에 콕콕
'반복하기'

+   **스티브 잡스가 세 단어를 고집한 이유**

"Thinner, lighter, and faster."

'더 얇게, 더 가볍게, 그리고 더 빠르게.' 2011년 3월 2일, 스티브 잡스가 iPad 2를 소개하며 던진 이 한마디는 수천 개의 블로그와 신문 헤드라인을 장악했다. 기자들이 게을러서 토씨 하나 안 바꾸고 인용했을까? 아니다. 그 문장이 거부할 수 없을 만큼 강력했기 때문이다. 이것이 바로 '반복하기'의 힘이다.

같은 단어나 구조를 반복하면 리듬감이 생기고 리듬감이 생기면 기억에 남는다. "빠르게 끓고, 빠르게 식고, 빠르게 설거지까지"

처럼 같은 '단어'를 반복하거나, "조강치처가 좋더라. 썬연료가 좋더라"라거나 "붓고 시리고 피나는" 처럼 같은 '구조'를 반복하면 된다. 마지막으로는 '운율' 반복이 있다. "가볍고 튼튼하고 예쁘고" 처럼 같은 어미로 끝내는 것이다. 어느 것을 적용하든 패턴이 중요하다.

우리 뇌는 패턴을 찾는 기계와 같다. 같은 단어나 구조를 반복하면 문장에 리듬감이 생기고, 리듬이 생기는 순간 문장은 '정보'가 아닌 '노래'가 되어 뇌리에 남는다. 예측한 대로 문장이 딱딱 맞아떨어질 때 우리의 뇌는 묘한 쾌감을 느끼고, 이 즐거운 자극은 카피를 장기 기억 장치로 보낸다. 그래서 반복은 가장 쉽지만 가장 강력한 카피라이팅 법칙 중 하나이다.

- 단어 반복: "빠르게 끓고, 빠르게 식고, 빠르게 설거지까지"처럼 특정 단어를 반복해 강점을 뇌리에 박아넣는 방식이다.
- 구조 반복: "조강지처가 좋더라. 썬연료가 좋더라"처럼 문장의 틀을 맞춘다. 특정한 상황이나 대조되는 이익을 나열할 때 유용하다.
- 운율 반복: "가볍고, 튼튼하고, 예쁘고"처럼 같은 어미로 끝맺음을 맞춰 리듬감을 극대화하는 방식이다.

한 가지만 기억하자. 반복은 세 번이 가장 효과적이다. 인지심리학에는 '서비타이징Subitizing'이라는 개념이 있다. 인간이 숫자를 세지 않고도 직관적으로 사물의 개수를 파악할 수 있는 능력을 말하는데, 보통 3개와 4개 사이에서 그 속도가 급격히 차이 난다. 즉, 3개까지는 뇌에 아무런 부담 없이 즉각적으로 받아들일 수 있다는 뜻이다.

휴대폰 번호가 괜히 '010-1234-5678' 구조인 것이 아니다. 나열된 11자리의 숫자로 기억하는 것보다 3~4개씩 끊어서 리듬을 탈 때 뇌가 훨씬 쉽게 정보를 낚아채기 때문이다. 당신의 카피도 딱 세 번의 리듬을 타게 만들어라. 고객의 고개가 세 번 끄덕여지는 순간, 결제 버튼은 이미 눌려 있을 것이다.

[Case Study] 단조로운 설명을 중독성 있는 리듬으로 바꾼 사례			
제품/서비스	Before (평범한 설명)	적용	After ('반복하기' 적용)
컬러 립밤	촉촉하고 예쁜 발색	단어 반복	촉촉하게 바르고, 촉촉하게 물들고, 촉촉하게 유지되고
헤링본 자켓	어디에나 잘 어울리는 자켓	구조 반복	출근할 땐 단정하게, 미팅할 땐 세련되게, 퇴근할 땐 편안하게

모션데스크	앉아서도 서서도 일할 수 있어요	구조 반복	집중할 땐 앉아서, 졸릴 땐 서서, 스트레칭할 땐 높여서
		운율 반복	편하고 건강하고 효율적이고
규조토 발매트	물기 흡수가 빨라요	운율 반복	빠르게 보송하게 깨끗하게

이제 당신의 카피에 박자감을 불어넣을 차례이다. 평범한 설명을 '마법의 숫자 3'에 맞춰 쪼개고 나열해보자. 입으로 소리 내어 읽었을 때 노래처럼 들린다면 성공이다.

[Training] 실전 카피 트레이닝

1	제품	종아리 마사지기
	원문	뭉친 다리를 풀어줘요.
	힌트	'시원하게'라는 단어를 과정별로 3번 반복하면?
	예시	시원하게 누르고, 시원하게 풀고, 시원하게 마무리하고.
2	제품	온찜질팩
	원문	따뜻하게 통증을 완화해요.
	힌트	'따뜻하게'를 3번 반복하면?
	예시	따뜻하게 녹이고, 따뜻하게 풀고, 따뜻하게 달래고.

3	제품	트레이닝 팬츠
	원문	편하고 활동적이에요.
	힌트	'~할 때' 구조를 상황별로 반복하면?
	예시	운동할 때, 쉴 때, 외출할 때.
4	제품	여행용 압축팩
	원문	짐을 줄여줘요.
	힌트	'~할 때' 구조를 상황별로 반복하면?
	예시	떠날 때, 쇼핑할 때, 돌아올 때.
5	제품	여행용 압축팩
	원문	압축이 잘돼요.
	힌트	'~고' 어미를 3번 반복하면?
	예시	가볍고, 작아지고, 정리되고.

반복은 단순한 되풀이가 아니라 뇌에 새기는 리듬이다. '3'이라는 마법의 숫자를 기억하자. 세 박자의 리듬을 타게 만드는 것, 무심코 지나치던 제품에 중독적인 비트를 입히는 것, 그것이 반복하기가 선사하는 가장 강력한 엣지다.

어미 바꾸기:
끝을 바꿔
'말맛'을 완성하라

+   **눈으로 읽어도 성대는 미세하게 떨리고 있다**

문장 어미 바꾸기는 의외로 간단하다. "~입니다", "~이에요", "~인데요", "~거든요", "~네요", "~죠"를 상황에 맞춰 적절히 섞으면 된다. 예를 한번 들어보자. "이 제품은 좋습니다. 품질도 좋습니다. 가격도 좋습니다." 어떤가? 딱딱하고 지루하다. 이는 단순히 어미만 반복되는 것이기에, 앞서 배운 리듬감을 살려주는 '반복하기'와는 전혀 다르다. 그런데 이걸 다음과 같이 바꾸면 어떻게 될까?

이 제품은 좋습니다. 품질도 좋습니다. 가격도 좋습니다.

→ 이 제품 '참 괜찮아요.' 품질은 '확실하고요,' 가격도 '합리적이거든요.'

같은 내용인데 리듬이 살아난다. 마치 곁에서 말하는 듯한 톤이 만들어져 술술 읽힌다. 눈으로 읽기, 즉 묵독할 때도 발성 기관이 미세하게 움직이기 때문이다. 소리 내지 않고 읽어도 성대와 혀, 입술이 실제로 움직이는 것을 '속발음Subvocalization'이라고 한다. 1950년 스웨덴의 연구자 오케 에드펠트Åke W. Edfeldt가 근전도검사로 그 실체를 확인했다. 뒤이어 NASA 과학자들도 목에 센서를 부착해 사람이 묵독하는 내용을 역으로 읽어내기도 했다. (와우!)

즉, 독자는 카피를 읽으면서 무의식적으로 발음하고 있다는 뜻이다. 같은 어미가 지나치게 반복되면? 독자의 성대도 같은 패턴을 지루하게 반복하게 된다. 반면 어미를 다양하게 섞으면 묵독일지라도 발성 리듬이 변화하고, 이 변화가 읽는 재미를 만든다. 중요한 건 규칙이 아니라 리듬이다. 직접 소리 내어 읽어보자. 막히지 않고 자연스럽게 넘어가면 그 카피는 성공한 것이다.

[Case Study] 딱딱한 설명문을 살아 있는 대화체로 바꾸는 마법		
제품/서비스	Before (평범한 설명)	After ('어미 바꾸기' 적용)
건강식품	매일 드세요. 효과가 좋습니다. 부작용도 없습니다.	매일 드시면 좋아요. 효과는 확실하고, 부작용? 식품이라 없거든요.

전자제품	배터리가 오래갑니다. 충전도 빠릅니다. 가격도 저렴합니다.	배터리 오래가요. 충전 빠른 건 당연하고 가격도 이보다 착할 수 없어요.
의류	소재가 부드럽습니다. 세탁도 쉽습니다. 관리가 편합니다.	소재 정말 부드러워요. 세탁이 쉬우니 관리도 편하죠.
헬스장	시설이 좋습니다. 트레이너도 전문적입니다. 가격도 합리적입니다.	시설 좋고요, 트레이너 전문적인 데다 가격도 합리적이기까지.

당신의 문장에도 숨을 불어넣자. "~합니다"의 늪에서 벗어나, 고객과 마주 앉아 이야기하듯 어미를 다채롭게 변주해보자.

[Training] 실전 카피 트레이닝

1	제품	운동화
	원문	착화감이 좋습니다. 디자인도 예쁩니다. 가격도 저렴합니다.
	힌트	"~해요, ~고요, ~거든요" 등 어미를 적절히 섞어보자.
	예시	착화감 정말 좋아요. 디자인은 예쁘고요, 가격도 착하거든요.
2	제품	카페
	원문	커피가 맛있습니다. 분위기도 좋습니다. 직원도 친절합니다.
	힌트	비슷한 내용끼리 묶어서 쉼표(,)를 활용해 보면 어떨까?
	예시	커피, 분위기, 직원들의 친절함, 어느 하나 나무랄 게 없어요.

3	제품	노트북
	원문	성능이 뛰어납니다. 디자인도 세련됩니다. 휴대도 편합니다.
	힌트	기계적인 나열 대신 감탄사를 섞어보자.
	예시	세상에! 성능이 진짜 뛰어나요. 디자인은 세련됐고, 들고 다니기도 정말 편하죠.
4	제품	앱 서비스
	원문	사용이 쉽습니다. 기능도 많습니다. 무료입니다.
	힌트	"게다가" 같은 부사를 넣어 어미의 변화를 도와보자.
	예시	사용법이 정말 쉬워요. 기능은 많고요, 게다가 무료거든요.
5	제품	식당
	원문	음식이 신선합니다. 양도 많습니다. 재방문 의사가 있습니다.
	힌트	직접 다녀온 블로거의 후기 같은 느낌으로?
	예시	음식이 정말 신선해요. 양은 푸짐하고요, 꼭 다시 오고 싶네요.

문장의 마침표는 끝이 아니라 다음 문장으로 넘어가는 도약대다. 어미를 바꾸는 것만으로도 독자의 성대는 즐겁게 춤을 추고, 당신의 카피는 끝까지 막힘없이 읽히게 될 것이다. 당신의 문장을 소리 내어 읽어보라. 그 리듬이 고객의 마음에 닿을 때까지.

빈칸 만들기: 고객이 답을 찾게 만드는 미완성의 힘

+ **뇌는 채워지지 않은 빈칸을 견디지 못한다**

"당신이 ________ 하지 못하는 진짜 이유."

유튜브 썸네일로 하루에도 수십 번을 보았을 문장이지만, 저 빈칸을 본 순간 우리의 뇌는 자동으로 답을 찾아 나선다.

"살 빼지 못하는? (젠장!) 돈 벌지 못하는? (제길!) 영어 못하는? (제발!)"

심리학에서는 이를 '자이가르닉 효과Zeigarnik Effect'라 부르는데, 1920년대 심리학자 블루마 자이가르닉이 발견한 원리이다. 그는 카페 웨이터들이 완료되지 않은 주문은 정확히 기억하지만, 손님이 계산하고 나간 주문은 금방 잊어버린다는 사실을 발견했다. 왜 그럴까? 뇌는 완성되지 않은 것을 더 강하게 기억하기 때문이다.

웨이터들이 미완의 주문을 끊임없이 되새기며 카페를 돌아다녔듯 미완성은 뇌에 긴장을 만든다. 그 긴장은 주문이 완료될 때까지, 즉 정보가 완전히 채워질 때까지 계속된다. 드라마가 절정에서 끊기면 다음 회가 궁금한 이유, 퍼즐 한 조각이 빠지면 종일 신경 쓰이는 이유가 모두 자이가르닉 효과 때문이다. 카피도 마찬가지다. 완결된 문장보다 빈칸이 있는 문장이 더 오래 머릿속에 남는다. 고객은 그 빈칸을 채우려고 클릭하고, 스크롤하고, 마침내 답을 찾았다는 개운함으로 구매를 결정한다.

단지 글자를 지우는 것이 빈칸 만들기의 전부는 아니다. 고객의 심리를 자극해 스스로 움직이게 하는 세 가지 전략을 살펴보자.

─ 첫째, 질문으로 빈칸 만들기

질문은 가장 직관적인 빈칸이다. 질문을 던지는 순간 뇌는 자동으로 답을 찾기 시작하는데 이를 '인지적 개방 루프Cognitive Open Loop'라 부른다. 루프가 열리면 닫히기 전까지 뇌는 그 문제를 해결하려 애쓴다. 고객은 자신도 모르게 답을 찾기 위해 카피 읽기를 멈출 수 없다.

─ 둘째, 미완성 문장으로 빈칸 만들기

문장을 끝까지 완성하지 않으면 뇌는 묘한 불편함을 느낀다.

그 불편함이 강렬한 호기심이 된다. 빈칸의 답을 찾아 다음 줄로, 또 다음 줄로 시선을 옮기며 고객의 읽기는 가속도가 붙는다.

— 셋째, 숨기기로 빈칸 만들기

모든 것을 다 보여주면 호기심은 즉시 사라진다. 일부러 숨겨보자. 때로는 얄밉게. 어려울 땐 유튜브를 열고 숨기기 공식을 활용한 썸네일이나 영상 제목을 찾아보자. 영감을 얻는 데 3초도 채 걸리지 않을 것이다.

[Case Study] '정보의 완결성'을 뒤틀어 고객의 참여를 유도하는 사례		
종류	Before (평범한 설명)	After ('빈칸 만들기' 적용)
질문 던지기	이 토너를 쓰면 피부가 좋아집니다.	왜 아침마다 얼굴이 푸석할까요?
	재구매율 92%의 영양제	왜 다른 거 드시다 결국 ○○○에 돌아오실까요?
	3년 AS 보장 로봇청소기	로봇청소기 3년 쓰면 고장 난다고 생각하셨죠?
빈칸 만들기	이 토너에는 특별한 성분이 들어 있습니다.	이 토너 쓰고 가장 많이 듣는 말은…
	신제품 출시 기념 50% 할인	50% 할인 말고도 ○○○까지 준비했으니 자신 있게 광고하죠!
	하루 10분 운동으로 복근 만들기.	하루 10분인데 복근이 생긴다고? 믿기 어렵죠. 하지만…

정보 숨기기	3가지 자연 성분으로 만든 비누	3가지 성분만으로 만든 비누 (힌트: 전부 주방에 있습니다)
	연예인들이 즐겨 찾는 맛집	강남역 3번 출구에서 도보 5분 연예인 맛집 ○○○ 있는 거 모르셨어요?
	이 영양제를 먹으면 아침이 달라집니다.	이걸 모르고 영양제 드셨다고요?

빈칸은 강력하지만 과하면 사기꾼처럼 보인다. "충격적인 진실!", "이것만 알면!", "절대 공개할 수 없는~" 같은 과한 표현을 남발하는 유튜브들이 더 이상 우리의 클릭을 이끌어내지 못하는 것과 같은 이치다.

그러니 빈칸은 정말로 채워줄 수 있을 때만 사용해야 한다. 질문을 던졌으면 본문에서 반드시 명쾌한 답을 줘야 하고, 숨겼으면 클릭 후 투명하게 보여줘야 한다. 빈칸만 잔뜩 만들어놓고 답은 없으면 고객은 배신감을 느끼며 떠날 수밖에 없다. 빈칸은 미끼가 아니라 초대장이다. 고객을 속이는 게 아니라 기대감으로 불러들이는 것이다. 그 차이를 절대 잊지 말자.

숫자 사용하기: 고객의 이성을 설득하는 구체성의 마법

+ **홀수와 정밀함이 만드는 심리적 가격의 함정**

"많이 할인합니다." vs. "67% 할인합니다."

둘 중 당신은 어떤 제안에 더 마음이 기우는가? 당연히 후자다. 숫자는 구체성을 부여하고, 구체성은 곧 신뢰를 만든다. 추상적인 정보보다 구체적인 정보가 뇌리에 더 오래 남고 더 신뢰받을 수밖에 없기 때문이다. "빠릅니다"보다 "3초면 끝"이라는 말이 더 선명하게 와닿고, "오래갑니다"보다 "3년 보장"이라는 약속이 더 믿음직스럽다.

숫자가 주는 힘은 여기서 끝나지 않는다. 숫자는 콘텐츠의 '스캔 가능성^{Scannability}'을 획기적으로 높인다. 사람들은 긴 글을 처음부터 끝까지 정독하지 않는다. 필요한 정보만 골라 훑어본다. (설마 이 책도 훑어만 보고 계신 건 아니겠지!) 이때 문장 사이에 숫자가 박혀 있으면 시선이 저절로 멈춘다. "10분 안에", "92% 재구매율", "단 3,900원" 같은 표현들은 긴 문장 속에서도 유독 도드라져 보이기 때문이다. 빠르게 정보를 전달해야 하는 플랫폼, 대표적으로 쿠팡의 상품명이나 상세페이지에서 쉽게 찾아볼 수 있는 사례들이다.

또한 홀수와 짝수는 뇌에 다르게 인식된다. 가격 측정에 있어서 홀수는 더 구체적이고 신뢰할 만하게 느껴진다. 2009년에 발표된 '가격 정밀도 효과^{The Price Precision Effect}'에 따르면, 사람들은 395,425달러처럼 정밀한 홀수를 395,000달러와 같이 딱 떨어지는 짝수보다 실제로는 더 높은데도 오히려 더 작다고 착각하며, 지불 의향 또한 더 많이 밝혔다. 쉽게 생각하면 "열 가지 방법"보다 "아홉 가지 방법"이, "20% 할인"보다 "19% 할인"이 더 진실되게 느껴진다는 것이다. 사람이 이렇게 단순하다.

숫자는 문장의 흐물거리는 살점 사이에 단단한 '뼈'를 박는 것과 같다. 아무리 화려한 미사여구라도 숫자가 빠지면 공허한 외침이 되기 쉽지만, 구체적인 수치가 더해지는 순간 카피는 비로소 날카로운 '팩트'가 되어 고객의 심장에 꽂힌다. 이제 당신의 카피에 생생한 현실감을 불어넣고, 고객의 막연한 의구심을 단숨에 확신으로 바꿔줄 세 가지 핵심 기술을 살펴볼 차례다.

첫째, 추상적 표현을 숫자로 치환하라

이미 쓴 카피에서 추상적인 표현을 찾아 숫자로 바꾸기만 하면 된다. "많이", "빨리", "오래", "저렴한" 같은 막연한 표현에 구체적인 숫자를 채워 넣어보자.

둘째, 큰 숫자는 쪼개라

뇌는 단위가 너무 큰 숫자를 처리하는 데 어려움을 겪는다. 경우에 따라서는 365일보다 '1년'이 더 직관적으로 느껴지고, 24개월보다 '2년'이 더 짧게 느껴진다. 반대로 고객이 작게 느끼길 원하는 가격은 최대한 잘게 쪼개야 한다.

셋째, 전략적으로 홀수를 활용하라

딱 떨어지는 짝수보다 조금 부족하거나 넘치는 홀수가 더 정밀한 검토를 거친 느낌을 준다.

[Case Study] 숫자로 카피의 '엣지'를 세우는 3가지 기술		
종류	Before (평범한 설명)	After ('숫자 활용하기' 적용)
숫자로 치환	빠릅니다.	3초면 끝
	오래갑니다.	3년 보장
	베스트셀러 제품입니다.	누적 12,345개 판매 4개월 만에 4차 재주문

숫자 쪼개기	3개월 동안 8,500개 판매	15분마다 1개씩 판매
	1년 36,000원	하루 단 98원
	12개월 구독권 OO,OOO원	1년 내내 써도 OO,OOO원
홀수로 쓰기	10가지 이유	9가지 이유 / 11가지 이유
	20% 할인	19% 할인 / 21% 할인
	100% 만족	97% 만족 (오히려 신뢰감이 높아진다.)

숫자는 단순한 기호가 아니라, 모호한 형용사들 사이에서 카피의 무게중심을 잡아주는 정교한 설계도다. "최고"라는 수식어는 고객마다 다르게 해석되지만, "97.4%"라는 수치는 누구에게나 같은 크기의 신뢰로 박힌다. 당신의 문장에 숫자가 더해지는 순간, 그것은 더 이상 흔한 '광고'가 아니라 거부할 수 없는 '사실'이 된다.

균형 맞추기:
단점을 지렛대 삼아
장점을 밀어 올리는 법

+ **세상에 완벽한 제품은 없다**

친구가 소개팅 상대를 소개해준다고 가정해보자. "완벽해! 키 크고, 잘생기고, 돈도 많고, 성격도 좋고, 취미도 다양하고…" 이쯤 되면 반가움보다 수상한 마음이 먼저 든다. 세상에 그토록 완벽한 사람은 존재하지 않으니까. (그렇게 완벽하면 지가 만나지 왜 나를 소개해 준담?) 오히려 "외모는 좀 평범할 수 있는데, 성격은 진짜 좋아"라고 말하면 훨씬 더 믿음이 간다. (동의하지 않는가? 그럴 수 있다. 하지만) 우리는 자신의 단점을 솔직하게 인정할 줄 아는 사람의 장점에 더 깊은 매력을 느끼게 마련이다.

제품도 마찬가지다. 장점만 늘어놓으면 그저 뻔한 광고 같고, 단점만 말하면 당연히 팔리지 않는다. 그래서 우리는 '균형'을 맞춰야 한다. 단점을 숨기지 않되 장점이 더 빛나게 하는 것. 심리학에서는 이를 '양면 메시지Two-Sided Message'라 부른다. 설득 커뮤니케이션의 권위자인 마이크 앨런Mike Allen은 장점만 말하는 단면 메시지보다, 약점을 언급한 뒤 이를 반박하는 내용이 포함된 양면 메시지의 설득력이 약 20% 높다는 연구 결과를 1991년에 발표하기도 했다.

균형 맞추기는 크게 세 가지 방식으로 작동한다. 첫째, 장단점의 균형을 맞춰 신뢰를 확보하기. 둘째, 좋은 것을 '더 좋은 것'과 비교해 가치를 증폭시키기. 셋째, 나쁜 것을 대조 표현으로 희석해 덜 강조하기. 하나씩 살펴보자.

+   **첫째, 단점을 장점으로 감싸다**

"최고의 가성비는 아닙니다만, 가격이 생각나지 않을 만큼의 맛은 보장합니다." 요즘 시장에 가면 9,900원짜리 치킨도 흔한데 그보다 비싼 치킨이라면? 가격이 단점이 될 수 있다. 그런데 이렇게 균형을 맞춰 맛을 강조하니 오히려 더 맛있어 보인다. 비싸다는 단점과 맛있다는 장점을 한 문장에 묶으니 단점이 상쇄되고 장점이 더 돋보이는 것이다. 핵심은 장점과 단점을 한 카피에 묶되, 단점을 먼저 말해 소비자의 경계심을 상쇄하고 장점을 더 돋보이게 하는 것이다.

제품/서비스	Before (평범한 설명)	After ('장점 부각시키기' 적용)
프리미엄 이어폰	최고급 음질을 제공합니다.	결제를 망설이지 않았다고 하면 거짓말이겠죠. 하지만 음악이 이렇게 들릴 수 있다는 걸 처음 알았어요.
고급 원두	신선하고 품질 좋은 원두입니다.	저렴하진 않습니다만, 프랜차이즈 커피로는 돌아갈 수 없게 만들죠.
수제 비누	100% 천연 성분으로 만듭니다.	한 달에 딱 100개만 만들어요. 그래서 품절이 잦지만, 그만큼 신선하죠.
맞춤 정장	완벽한 핏을 제공합니다.	2주는 기다리셔야 해요. 하지만 거울 보실 때마다 기다린 값을 할 겁니다.
소량 생산 수제화	장인이 직접 만듭니다.	한 달에 30켤레밖에 못 만들어요. 장인의 손이 그만큼 느리거든요. 하지만 그 손이 10년을 신을 신발을 만듭니다.
고급 와인	깊고 풍부한 맛의 와인입니다.	한 병에 10만 원이 부담스러우시죠? 하지만 이 한잔이 저녁 식사를 기억에 남게 만듭니다.
수제 쿠키	매일 아침 갓 구운 쿠키입니다.	오후 3시면 품절됩니다. 그만큼 신선함을 알아보는 분들이 많거든요.
프리미엄 매트리스	최고의 숙면을 제공합니다.	300만 원이 적은 돈은 아니죠. 하지만 인생의 1/3을 보내는 곳에 이 정도 투자는 괜찮지 않나요?
수제 초콜릿	벨기에 최고급 카카오로 만듭니다.	일상적으로 사 먹기엔 부담스러우신 거, 저희도 압니다. 하지만 특별한 날엔 이만한 게 없죠
장인 가방	수작업으로 정성껏 만듭니다.	주문하고 한 달을 기다리셔야 해요. 그 대신 평생 쓸 가방 하나를 얻게 되죠

"집밥보다 더 그립다, ○○ 치킨."

'집밥'이라는 단어에는 넘어설 수 없는 거대한 이미지가 있다. 날 때부터 먹은 음식이니 입맛에 최고이기도 하지만, 그립고 정겹기까지 하다. 엄마가 몸에 안 좋은 걸 주실 리 없으니 집밥에는 음식의 온갖 좋은 이미지가 다 담겨 있다. 그런데 치킨이 집밥보다 더 그립다? 자꾸 생각나는 맛을 집밥에 빗대어 강조하는 것이다.

여기까지 읽었다면 책을 잠시 덮자. 지금 바로 엄마에게 사랑한다고 카카오톡 메시지를 보내고 다음 문단으로 넘어가자. 메시지를 보냈는가? 부끄럽다면 귀여운 이모티콘이라도 하나 보내자. 앞으로 '집밥'이란 단어를 볼 때마다 엄마가 생각날 것이다. 메시지를 보냈다면 이제 다시 집중하자. 장점을 강조하고 싶을 때 이미 고객의 머릿속에 각인된 '절대적인 좋은 것'과 비교하는 전략이다.

"미슐랭 3스타 레스토랑이 치킨 전문점은 아니잖아요. 치킨은 역시 ○○ 치킨."

→ 미슐랭 맛있는 걸 모르는 사람들은 없지만, 그 미슐랭마저도 따지고 보면 치킨'만' 튀기는 건 아니다. 미슐랭의 이미지에 기대어 미슐랭도 한 수 접고 간다는, 치킨 전문점으로서의 자부심을 어필했다. (설마 아직도 엄마에게 메시지 안 보낸 독자는 없겠지?)

"30년 노포에서 맥주 마실 때보다 맥주가 더 맛있게 느껴지실 겁니다."

→ 치킨이라는 단어는 하나도 없다. 그 대신 맥주라는 치킨의 짝꿍, 치킨의 다른 대명사를 끌고 와서 오랜 경력과 노하우가 살아 있는 맛있는 치킨임을 표현했다. 핵심은 장점을 강조하고 싶을 때 좋은 것(=맥주)과 비교했다는 것.

[Case Study] 좋은 것을 더 강조해 장점을 더 부각시킨다		
제품/서비스	Before (평범한 설명)	After ('장점 부각시키기' 적용)
프리미엄 샴푸	머릿결이 부드러워집니다.	왜 비단 같은 머릿결이라 하는지 이해가 가요.
고급 침구	푹신하고 편안합니다.	침실만큼은 우리집도 5성급
프리미엄 쌀	찰지고 맛있습니다.	명절 밥맛 그대로
고급 양말	발이 편하고 통기성이 좋아요	맨발보다 더 맨발 같아요.
수제 햄버거	육즙 가득한 패티입니다.	와우, 스테이크보다 육즙이 더 좋은데요?
프리미엄 커피	깊고 풍부한 맛입니다.	강릉 안목해변 카페거리에서 마신 커피보다 더 깊은 맛이에요
고급 수건	부드럽고 흡수력이 좋아요.	5성급 호텔 수건이 생각나지 않을 만큼 부드러워요.
프리미엄 초콜릿	진하고 달콤합니다.	호텔 뷔페에서 맛본 그 초콜릿과 똑같아요!
고급 식빵	촉촉하고 부드러워요.	프랑스 갈 필요 없어요, 여기가 제 파리입니다.

| 프리미엄 스피커 | 음질이 뛰어납니다. | 콘서트홀에 앉아 있는 것처럼 생생해요. |

셋째, 나쁜 것 덜 강조하기

소비자가 느끼는 구매 망설임은 대개 '절대적인 금액'이 아니라 그 돈을 썼을 때의 '심리적인 무게'에서 온다. 이 무게를 가볍게 만드는 가장 영리한 기술이 바로 대조다. 뇌는 정보를 독립적으로 처리하지 않고 늘 주변의 다른 정보와 비교하여 가치를 판단하기 때문이다. 비싸다는 단점을 더 큰 손해나 더 비싼 대안과 나란히 세워보자. 그러면 당신이 제시한 가격은 어느덧 '합리적인 투자' 혹은 '기분 좋은 지출'로 탈바꿈하게 된다.

"사장인 저도 매일은 못 먹습니다. 하지만 금요일 밤에는 꼭 한 마리 사 들고 가요. 일주일 고생한 나를 위해 이 정도는 할 수 있으니까요."
→ 비싸다는 심리적 허들을 '그래, 매일 먹을 순 없지' 하고 인정하면서도 '금요일 밤에는 꼭 먹는다'라는 문장으로 구매 부담을 낮춰준다. '매일'과 '금요일'의 대조를 활용한 기술이다.

"'아이고, 뭐 이리 비싸?' 손주 사줄 치킨을 투덜대며 포장해 가신 할머님. 지금은 저희 단골이시랍니다."

→ 역시 비싸다는 단점을 정면 돌파한다. 투덜투덜하며 사 가신 할머님
이 단골이 되었다면? 비싸다는 단점을 맛있다는 장점으로 상쇄시킨
것이다. '투덜투덜'과 '단골'의 대조가 재미있다.

"나를 위한 선물로 명품도 사는데, 나를 위한 금요일에 치킨 한 마리쯤
이야."

→ 치킨이 3만 원대라서 버스정류장 앞 9,900원 치킨들과 가격 경쟁력
에서 밀릴 것 같다면? 그럴 때는 명품과 비교하면 어떨까? 치킨 한
마리 가격이 비싸게 느껴지던 것이 수백, 수천만 원의 명품과 비교하
니 훨씬 낮은 가격처럼 느껴진다.

[Case Study] 나쁜 것을 덜 강조해 장점을 더 부각시킨다		
제품/서비스	Before (비싸다는 단점)	After ('단점 줄이기' 적용)
프리미엄 운동화	20만 원대의 운동화입니다.	병원비 생각하면 저렴한 투자죠. 무릎 보험이라 생각하세요.
프리미엄 크리스마스 트리	××만 원입니다.	작년에 산 트리, 올해 도저히 못 쓰시겠죠? 평생 쓴다 생각하시고 제대로 투자하세요.
프리미엄 칫솔	칫솔치고는 비쌉니다.	스케일링 값에 비하면 아무것도 아니죠
고급 매트리스	300만 원대 제품입니다.	매일 밤 쓰는 건데, 명품 가방보다 오히려 가성비 좋죠.
프리미엄 식재료	일반 마트보다 비쌉니다.	한 달에 한 번 외식하는 값이면 일주일 내내 맛있게 먹어요.

고가 헤드폰	50만 원대 헤드폰입니다	콘서트 두 번 참으면 매일 집에서 콘서트예요.
반려동물 피모 영양제	한 달에 3만 원입니다	원장님 죄송해요, 오늘부턴 약용삼푸 옵션 빼주세요.
고급 주방칼	칼 하나에 15만 원입니다.	10년 쓴다 생각하면 하루에 40원.
프리미엄 강의	강의료가 100만 원입니다.	혼자 삽질하다 1년 날리는 것보다 저렴하죠
고급 의자	의자가 80만 원입니다	물리치료 10번 받을 돈이면 10년 편하게 앉아요.

균형 맞추기는 단순히 정보를 나열하는 기술이 아니라 고객의 마음속 방어 기제를 무너뜨리는 고도의 심리전이다. 단점을 솔직하게 인정하는 태도는 장점에 대한 확신을 심어주는 가장 강력한 보증수표가 된다. 부족함을 감추려 애쓰지 마라. 오히려 그 부족함을 지렛대 삼아 당신이 가진 진짜 가치를 밀어 올려라. 단점을 품은 장점만이 비로소 고객의 의심을 뚫고 확신에 가닿는 법이다.

무한대의 카피라이팅을 향하여

+

순서를 바꾸고, 단어를 바꾸고, 변화구를 던지고, 어미를 조정하고, 빈칸을 만들고, 숫자를 넣고, 균형을 맞추는 것. 이 조합만으로도 한 줄의 카피가 수십, 수백 개로 늘어난다. 게다가 이 응용 법칙들을 섞어 쓸 수도 있다. 순서를 바꾸면서 동시에 단어를 교체하고, 거기에 숫자까지 넣는 식으로 말이다. 아아, 카피 쓰는 게 너무 재미있어서 퇴근을 미루는 날이 올 줄이야.

처음 카피라이팅을 시작할 때 우리는 '한 방'을 꿈꾼다. "야, 너두 영어 할 수 있어!" 같은. 한 줄로 모든 걸 해결하는, 수정이 필요 없는 완벽한 카피. 하지만 현실은 그렇지 않다. 초보 사장님이 첫날부터 단일 메뉴 맛집을 열 수 없듯 우리도 첫날부터 완벽한 한 줄을 쓸 순 없다. 그 대신 우리는 여러 개를 쓰고, 그중에서 고르고, 다듬어가야 한다. 좋은 소식은 이제 우리에게 그럴 수 있는 도구가 생겼다는 것이고.

카피라이팅의 뼈대를 세우고 응용 법칙들로 살을 붙여보면, 막막했던 빈 화면이 이제는 가능성으로 가득한 놀이터처럼 느껴질 것이다. 일단 앉고 보자. 일단 아무 단어나 입력하고 보자. 두뇌가 아니라 손가락이 먼저 움직이는 순간이 곧 기분 좋게 닥쳐올 것이다.

PART 7

SECRET

THE
ABSOLUTE
COPY
FORMULA

Mastering
the 57 Rules
of Sales
Architecture

현장에서 살아남는
카피라이터의
비밀 노트

당신의 내일을 사랑하라.
Love Your Tomorrow.

그리고,

사랑이 있으면 믿음도 소망도 다 이루어지지 않을까?

365일 열리는
프로모션에 대처하는 법

+ **365일 세일 중인 시장에서 살아남는 법**

월초 특가, 주말 할인, 시즌 오프, 브랜드 데이, 명절 기획전, 창립 N
주년… 마치 '올영 세일'처럼 1년 내내 프로모션이 열린다. 고객들
은 이미 할인 메시지에 무뎌졌다. "또 할인이네"라며 무심코 스크
롤을 내린다. 그런데도 마케터는 프로모션마다 새로운 가치를 보여
줘야 한다. 같은 제품을 같은 할인율로 파는데 어떻게 매번 다르게
보이게 할까? 답은 간단하다. 같은 할인도 다르게 말하면 된다.

　프로모션 카피라이팅은 복잡하지 않다. 상세페이지처럼 긴 설
명이 필요 없고, 제품 기능을 구구절절 나열할 필요도 없다. 중요한

건 딱 하나, 할인과 쿠폰을 어떤 맥락으로 전달하느냐이다. 다음 세 가지 전략만 알면 1년 내내 열리는 프로모션도 고객에게 매번 새로운 제안으로 다가가게 만들 수 있다.

전략 ① 할인에 이름을 붙여라

한여름 밤에 우리가 치킨을 시키는 이유는 저마다 다르다. 더워서, 입맛이 없어서, 혹은 기력이 빠져서. 그래서 같은 치킨이라도 "열대야 극복 치킨"이었다가 "입맛 회복 치킨", 혹은 "기력 보충 치킨"이 된다. 프로모션도 마찬가지다. '30% 할인'이라는 똑같은 혜택이라도 어떤 이름을 붙이느냐에 따라 완전히 다른 프로모션이 된다.

하나, 국민 일정을 활용하라

가장 쉬운 방법은 그 시즌의 '국민 일정'을 활용하는 것이다.

- 봄: 벚꽃놀이, 입학, 새학기
- 여름: 휴가, 장마, 무더위
- 가을: 단풍놀이, 추석, 개강
- 겨울: 크리스마스, 새해, 설날

이 국민 일정의 앞뒤로 '준비 기간'과 '정리 기간'을 두면 한 달

내내 다른 이름을 붙일 수 있다.

8월 가전제품 프로모션

- 7월 말: 휴가 준비는 마음까지 가볍게! 휴대용 선풍기 30% 쿠폰

- 8월 초: 집콕 휴가족을 위한 시크릿 30% 쿠폰

- 8월 중순: 일상 복귀 응원! 30% 파이팅 쿠폰

같은 제품, 같은 할인율인데 이름만 바꿨을 뿐이다. 하지만 고객이 느끼는 건 완전히 다르다. '또 할인이네'가 아니라 '나를 위한 할인이네'로 바뀐다.

둘, 시즌 키워드를 활용하라

국민 일정이 없는 달이라면? 그 시즌을 대표하는 키워드를 쓰면 된다.

10월 주방용품 프로모션

- 10월 1주차: 10월을 여는 10% 할인 쿠폰

- 10월 2주차: 단풍을 기다리는 마음을 담아, 10% 할인 쿠폰

- 10월 3주차: 높은 하늘이 반가울 때 10% 할인 쿠폰

셋, 쿠폰 이름에 맥락을 담아라

쿠폰 이름 뒤에는 짧은 메시지를 붙여주면 좋다.

높은 하늘이 반가울 때 10% 할인 쿠폰

가을 하늘처럼 맑은 유리 컵을 준비했어요.

테이블을 빛나게 할 유리컵 모음전

이 한 줄의 메시지는 쿠폰 자체를 하나의 이야기로 만든다. 프로모션 페이지에 들어오는 순간 고객은 '아, 이번엔 가을 느낌이구나'라고 자연스럽게 받아들인다. "시즌 오프 30% 할인 쿠폰" 같은 천편일률적인 이름 대신, 조금만 더 시간을 들여 이름을 붙이면 마케팅 전략까지 따라온다.

+　　　　　**전략 ② 지금이어야 하는 이유를 만들어라**

미국 소설가 마크 트웨인은 주식 투자로 실패한 뒤 이렇게 말했다.

"10월은 주식 투자에 있어서 특히 위험한 달 중 하나이다. 다른 위험한 달로는 7월, 1월, 9월, 4월, 11월, 5월, 3월, 6월, 12월, 8월 그리고 2월이 있다."

그렇다. 주식하지 말라는 뜻이다. 하지만 우리는 반대로 가야 한다. 일 년 내내 '지금이 우리 제품 사기 가장 좋을 때'라고 외쳐야 한다. 설사 그것이 매달 열리는 프로모션이라 해도.

하나, 지금 사야 선택지가 가장 많다

'선택지가 가장 다양하다'는 점을 내세워 '지금 안 사면 원하는 모델 못 산다'는 초조함을 살짝 심어주자.

여름 선풍기 프로모션
사이즈도 모델도 쿠폰도 지금이 제일 많아요!
휴대용 선풍기 20% 할인전

여름 장화 프로모션
인기 컬러부터 동나요.
장마 오기 전에 골라두세요.
장마 준비 레인부츠 25% 할인전

둘, 아쉬움을 자극하라

'작년에도 못 샀잖아, 올해도 또 놓칠 거야?'라는 아쉬움을 건드린다. 포인트는 '지금이 아니면 또 못 산다'는 프레임을 씌워서 고객의 조급함을 건드리는 것.

겨울 가습기 프로모션 ①
작년 겨울에도 망설이기만 했던 가습기,
더 늦기 전에 올해는 장만하세요!
브랜드 가습기 최대 50% 할인

겨울 가습기 프로모션 ②

목이 칼칼해서, 가격이 부담돼서…

가지각색 핑계로 가습기를 포기했던 작년 겨울의 후회를

올해도 반복하기엔 건조한 날이 너무 많아요.

늦기 전에 가습기 하나 장만하세요.

셋, 타이밍을 강조한다

마크 트웨인이 위험한 달을 자기 마음대로 정했듯, 우리도 지금이 사기 가장 좋을 때라는 이유를 마음대로 만들면 된다.

봄 공기청정기 프로모션

황사 오기 전이 기회예요.

미리 준비하는 봄철 공기청정기 30% 할인

따끈한 국물 안주 프로모션

여름엔 이 맛 안 나죠!

지금 먹어야 두 배로 맛있는 국물 안주 모음전

전략 ③ 지금이 지나도 좋다고 말하라

방금까지 지금이어야 한다고 하지 않았나? 맞다. 하지만 무게 중심이 조금 다르다. '지금이 지나도 좋다'는 건 이번 시즌이 아니더라도 계속 쓸 수 있다는 점을 알려주는 것이다. 시즌 오프 제품의 약점을 장점으로 뒤집는 전략이다.

가을의 초입에 시작하는 반소매 티셔츠 모음전

셔츠 속에도 맨투맨 안에도 내내 받쳐 입을 반소매

20% 할인으로 미리 쟁여두세요.

겨울 패딩 프로모션 ①

내년 겨울에도 어차피 패딩 입어야 하니까!

최대 70% 시즌 오프 혜택으로 미리 장만하세요.

겨울 패딩 프로모션 ②

겨울이 끝나가지만 내년에도 올해처럼 춥겠죠.

남들보다 몇 걸음 앞서 장만해두세요.

최대 70% 시즌오프 패딩 모음전

계절을 타지 않는 제품들도 있겠다. 이럴 때는 아예 '사계절 내내 쓴다'는 점을 강조해보자.

주방용품 프로모션

365일 매일 쓰는 프라이팬,

할인할 때 안 사면 언제 사나요?

브랜드 프라이팬 30% 할인

프로모션 카피의 성패는 할인율의 숫자가 아니라 '명분의 설득력'에서 결정된다. 1년 내내 세일이 쏟아지는 피로한 시장에서도, 고객의 상황과 계절에 맞는 이름을 붙여주고 '지금'이라는 타이밍의 가치를 일깨워준다면 그것은 더 이상 지겨운 광고가 아니다. 할인이라는 결과에 당신만의 이야기를 입혀라. 고객이 할인을 '지겨운 광고'가 아니라 '놓치면 또 후회할 기회'로 받아들이는 순간, 프로모션은 숫자로 증명된다.

AI를 카피라이팅의
파트너로 만드는 법

\+ **내가 이러려고 유료 결제 했나 자괴감이 들어**

"챗GPT한테 카피 써달라고 했는데 너무 광고 문구 같아요."

강의 후 가장 많이 받는 질문 중 하나다. 실제로 AI에게 "제품 홍보 카피 써줘"라고 하면 십중팔구 이런 결과물이 나온다.

"혁신적인 기술로 만든 프리미엄 제품! 지금 바로 만나보세요!"

아니, 이게 대체 뭐야. 서당개 3년이면 풍월을 읊는다던데, 무지개다리를 건넌 나의 반려견 하이디에게 카피라이팅을 진작 가르쳤으면 이보다는 더 잘 썼겠다. 사실 우리는 이미 알고 있다. 문제는 AI가 아니라 우리가 AI를 쓰는 방식이라는 사실을 말이다. AI는 SF 영화에서 봤던 것과는 달리 야속하게도 우리가 준 만큼만 돌려준다. 쓰레기를 넣으면 쓰레기가 나오고, 금을 넣으면 금이 나온다. 아이언맨의 자비스가 똑똑했던 이유는 토니 스타크가 제대로 된 입력값을 넣었기 때문일 것이다. 그래서 우리는 AI를 제대로 활용하는 법을 반드시 알아야 한다. 크게 세 가지로 정리해보았다.

첫째, AI는 카피라이터가 아니라 어시스턴트다

AI에게 무작정 "카피 써줘"라고 명령해서는 안 된다. 그 대신 "이런 제품의 카피를 쓰려는데, 타깃 고객의 페인 포인트 열 가지를 브레인스토밍해줘"라고 요청해야 한다. AI는 완성품을 뚝딱 내놓는 요술 램프가 아니라, 당신의 생각을 확장해주는 파트너이기 때문이다.

카피의 최종 판단은 결국 사람이 해야 한다. 이걸 '휴먼 터치Human Touch'라고 부른다. AI가 만든 카피를 그대로 쓰면 어떻게 될까? 경쟁사 마케터도 나와 비슷한 입력값을 넣었을 테니, 결국 시장에는 비슷비슷한 카피들만 넘쳐나는 웃지 못할 일이 생긴다. AI는 도구일 뿐, 당신의 판단력과 브랜드 이해를 대체할 수 없다.

예를 들어, AI는 왜 좋은 제품에 '좋다'고 말하지 않고 '미쳤다'고 말하는지 그 정서적인 맥락을 이해하지 못한다. 이걸 일일이 학습시키느니 AI가 초안으로 만들어준 결과물에 나의 휴먼 터치를 더하는 게 훨씬 빠르다. AI가 준 카피를 그대로 쓰지 말고, 당신의 톤으로 바꿔라. 격식을 낮추거나, 말투를 살리거나, 트렌디한 은어를 넣는 식으로 말이다. 뭐가 되었든 AI는 시작점일 뿐 끝이 아니다.

둘째, 맥락을 주지 않으면 평범한 답만 나온다

다음의 둘 중 어떤 입력값에 AI가 더 구체적인 답을 줄까?

[Case Study] 맥락을 제공하는 프롬프트 비교

A	아로마 룸 스프레이 광고 카피 써줘.
B	**[역할]** 당신은 소비자 인사이트 분석 전문가이면서, 문화인류학을 전공한 혁신적인 스타트업 마케터입니다. 특히나 기존의 관행에 얽매이지 않고, 소비자의 숨겨진 니즈를 발굴하는 재능을 가지고 있어 정형화된 답변이 아니라 새로운 시각을 제시하는 걸로 회사에서 인정받고 있어요. 신제품 론칭을 앞두고 타깃 그룹과, 그 그룹을 대표하는 페르소나를 도출하고 그에 맞는 상세페이지 콘텐츠를 기획해야 합니다. **[입력]** 1. 제품명: ○○○ 아로마 룸 스프레이 2. 핵심 특징 3가지: 상황에 맞게 뿌릴 수 있는 서로 다른 향 3가지, 합성 향료가 들어가지 않은 100% 천연 아로마, 휴대가 편한 사이즈 3. 내가 생각한 타깃: 다른 사람들보다 향에 민감해서 불쾌한 냄새를 쉽게 인지하고, 그에 따른 영향을 많이 받아 일상을 지속하는 데 어려움이 있는 사람 4. 브랜드 스토리: 향은 오감 중 가장 직관적이라 즉각적인 리프레쉬가 가능함. 자기가 어떻게 할 수 없는 외부의 악취 때문에 하루가 망가지는 일이 없기를 바라는 마음으로 브랜드를 론칭함

볼 필요도 없다. 구체적인 내용이 들어가야 구체적인 답변이 나온다. 이보다 더 구체적인 입력값을 주고 싶다면 일단 정보를

5W1H로 정리하는 것부터 시작해보자.

- What: 무슨 제품인가? (제품의 본질)
- Who: 누가 쓰는가? (구체적 타깃)
- Where: 어디서 쓰는가? (사용 환경)
- When: 언제 쓰는가? (특정 시점)
- Why: 왜 필요한가? (고객의 결핍)
- How: 어떻게 해결하는가? (제품의 해결책)

또한 결과물을 출력할 때 카피의 '말맛'을 처음부터 정해주는 것도 좋은 방법이다. "이런 느낌으로 써줘"라고 예시를 주는 것인데, "애플의 'Think Different' 같은 미니멀한 톤으로", "배달의민족처럼 친근하고 유머러스하게", "나이키처럼 짧고 강렬하게" 등이 있겠다. AI는 모방을 잘하므로 좋은 레퍼런스를 주어 처음부터 내가 원하는 방향으로 유도해보자.

셋째, 나만의 프롬프트를 설계하자

'프롬프트Prompt'는 AI에게 내리는 정교한 명령어다. 요리로 치면 레시피다. 같은 재료라도 레시피에 따라 다른 요리가 나오듯, 같은 제품 정보라도 프롬프트에 따라 전혀 다른 카피가 나온다. 좋은 프롬프트를 설계하기 위한 네 가지 필수 구성 요소는 다음과 같다.

1. 역할 부여(Role): "너는 20년 경력의 카피라이터야"처럼 역할을 주면 AI는 그 입장에서 생각하고 답한다.

2. 상황과 맥락(Context): 앞서 살펴본 5W1H를 활용하라. 이 결과물을 어디에, 어떤 목적으로 사용할지도 명확히 추가해야 한다.

3. 원하는 결과물(Output Format): "10개의 카피 후보를 표로 정리해줘", "20자 이내로 써줘" 등 결과물의 형태와 제약 조건을 정해주자. '혁신', '프리미엄' 같은 상투적인 단어 금지 명령도 효과적이다.

4. 참고 자료나 스타일(Style): 벤치마킹할 브랜드나 마음에 들었던 카피를 직접 언급하거나 이미지를 활용해 스타일을 지정하라.

[Case Study] 프롬프트 문장 예시

구성 요소	문장 예시
역할 부여	당신은 20년 경력의 카피라이터입니다. 당신은 Z세대 마케팅 전문가입니다. 당신은 건강식품 업계의 카피라이팅 전문가입니다.
맥락 부여	What: 숙면을 위한 프리미엄 베개 Who: 밤마다 뒤척이는 5060 여성 Where: 침대가 놓인 안방에서 When: 갱년기 때문에 체온이 급격히 변해 잠이 오지 않을 때 Why: 온도에 반응하는 ××× 재질을 사용해 체온 조절이 용이하다 How: 갱년기의 사용자가 더워하면 쿨링감을 주어 숙면을 돕는다 목적: 메타 광고의 소재에 사용할 짧은 한 줄 카피
결과물 형식 지정	카피 후보를 만들고, 각 카피마다 어떤 법칙을 썼는지 설명해줘. Before/After 형식으로 써줘. 표로 정리해줘.

<table>
<tr><td>스타일 지정</td><td>배달의민족 카피 스타일로
애플의 미니멀한 톤으로
나이키처럼 동기부여하는 느낌으로</td></tr>
</table>

제대로 작성했다면 우리는 다음과 같은 강력한 프롬프트를 갖게 된다. 책을 여기까지 정독하고 프롬프트까지 직접 설계한 당신, 스스로를 칭찬해줘도 좋다. 오늘 저녁은 치킨이다!

[Case Study] 프롬프트 설계 예시

[역할]

당신은 배달의민족 카피팀 출신의 MZ세대 마케터입니다. 밈과 유행어를 적절히 활용하면서도 상품의 핵심 가치는 놓치지 않는 센스 있는 카피로 SNS에서 화제를 모으고 있습니다.

[상황과 맥락]

· What: 스마트폰 제어 가능한 반려동물 자동 급식기
· Who: 출장이 잦거나 야근이 많은 2030 직장인 집사
· Where: 집, 거실이나 주방
· When: 출장/야근으로 집을 비워야 하는데 반려동물 밥 시간이 걱정될 때
· Why: 정해진 시간에 밥을 주지 못해 미안하고 걱정됨
· How: 스마트폰으로 원격 급식+음성 녹음 재생 기능
· 목적: 인스타그램 릴스에 사용할 캐치프레이즈

[원하는 결과물]

· 사회적 증거 법칙을 활용한 타이틀 카피 3개
· 희소성 법칙을 활용한 타이틀 카피 3개
· 총 6개, 각 15자 이내
· 완전 반말, 친구한테 말하듯

· 금지어: 혁신적, 완벽한, 최고의, 프리미엄
· 이모티콘 사용 가능
· 리스트 형식(법칙/카피)

[참고 스타일]
· 배달의민족 카피처럼 친근함과 유머를 살려 "야근인데 우리 애 밥은?"같이 집사들의
  실제 고민을 재치 있게 공략할 것.

숙련된 요리사의 손에 들린 칼이 최고의 요리를 만들어내듯, AI 역시 당신의 정교한 프롬프트와 만날 때 비로소 제값을 한다. 기술은 앞으로도 비약적으로 발전하겠지만, 고객의 숨은 결핍을 찾아내고 마지막 '말맛'을 결정하는 최종 권한은 언제나 당신에게 있다. AI라는 도구에 당신의 '휴먼 터치'를 더하는 순간, 기계적인 문장은 비로소 고객의 마음을 움직이는 생생한 카피로 거듭난다.

카피라이터는 마법사가 아니라 집요한 수집가다

+ **살고 싶은가? 안테나를 세워라**

"좋은 카피를 쓰는 비법이 무엇인가요?"

강의 후 가장 많이 받는 질문 중 하나다. 비법을 기대하는 눈빛을 보면 미안하지만, 솔직히 말해야겠다. 비법 같은 건 없다. 있는 것이라고는 오직 습관뿐이다. 사실 질문하는 이들도 알면서도 혹시나 하는 마음에 묻는 것이리라 믿는다.

세상 곳곳에 안테나를 꽂아두고 듣고, 보고, 메모하는 습관. 좋은 문장을 수집하는 습관. 그리고 그걸 내 것으로 만드는 습관. 이런 습관이 없었다면 진작 지쳐 떨어져 나갔을 것이다. 세상에 더는 새로운 게 없는데, 100% 내 머릿속에서만 나온 카피를 쓰겠다고 고집했다면 말이다.

카피라이터는 마법사가 아니다. 빈 종이 앞에 앉아 머리를 쥐어짜면 천재적인 문장이 나오는 게 아니다. 오히려 반대다. 카피라이터는 집요한 수집가다. 지하철 광고판에서, 인스타그램 피드에서, 친구와의 카톡에서, 드라마 대사에서, 심지어 길거리 간판에서도 좋은 문장을 수집한다.

나를 감탄하게 만든 카피는 무조건 스크린샷을 찍거나 사진을 찍는다. 스크린샷 앨범이 터져나갈 것 같고 그중 상당수는 다시 안 들여다본다 해도 일단 모은다. 일은 해야 하는데 도저히 손에 잡히지 않을 때, 그 스크린샷과 사진들을 PC로 옮겨 종류별로 폴더를 나눠 담는다. 그렇게 모은 문장들이 쌓이고 쌓이면, 어느 순간 내 것이 된다. 좋은 카피는 책상 앞이 아니라 언제나 세상 밖에 있다.

+ **오래가고 싶은가? 선을 지켜라**

벌써 수년 전, 인스타그램을 열기만 하면 "○○은 내가 할게, ××는 누가 할래?"라는 카피가 도배되던 시절이 있었다. SBS 시트콤 〈순풍 산부인과〉의 배우 박미선 씨가 만든 유행어였는데, 수많은 브랜드가 이를 무분별하게 응용했다.

"만두는 내가 먹을게, 돈은 누가 벌래?"

"퇴근은 내가 할게, 출근은 누가 할래?"

심지어 저작권을 피하려고 박미선 씨와 비슷한 일러스트를 그려서 광고에 쓰기까지 했다. 결국 박미선 씨가 개인 SNS에 일침을 놓았고, '퍼블리시티권'이 사회적 이슈가 됐다. 퍼블리시티권**Publicity Rights**이란 개인의 이름, 얼굴 등 재산적 가치를 허락 없이 상업적으로 이용할 수 없게 보호하는 권리다. 남의 얼굴, 남의 목소리, 남의 캐릭터를 함부로 쓰면 안 된다는 뜻이다. 유행이나 트렌드, 당장의 성과급보다 더 중요한 건 직업적 윤리다. 그래야 길게 갈 수 있다. 한두 줄 쓰고 은퇴 당하지 않으려면 유행어의 배경을 반드시 확인해야 한다. 혹시 그 표현이 누군가를 비하하거나 상처 주는 건 아닌지, 혐오를 조장하는 사이트에서 나온 건 아닌지 검증해야 한다.

출처가 불분명한 밈을 함부로 썼다가 특정 타깃 고객들로부터 보이콧 캠페인을 당한 브랜드를 우리는 너무 많이 봐왔다. 그 비극이 나의 이야기가 될 거라고 단 한 번도 상상하지 않은 채 말이다. 누군가 상처받는 카피는 절대 좋은 카피가 아니다.

그러니 밈이나 유행어를 응용하고 싶다면, 한발 뒤로 물러나서 검증부터 해보자. 웃기려고 쓴 카피가 누군가에게 상처를 주면 그건 더 이상 좋은 카피가 아니다. 의도가 아니었다는 변명은 무슨 소용인가, 이미 피해자가 생겼는데. 피해자가 생긴 순간 누군가는 이미 가해자이고 그게 바로 내가 될 수 있다. 선을 지키지 않는다면 말이다.

댓글을 빌려
카피로 바꾸는
3가지 기술

+ **퇴근 후 수면 바지 차림으로 만나는 천재적인 카피들**

오늘도 '따봉' 2.3천 개가 달린 어느 팬의 주접 댓글이 당신의 시선을 사로잡지 않았는가? 한국인은 하루 평균 1시간 이상 유튜브를 본다. 2024년 3월 기준, 월평균 이용 시간이 이미 40시간을 돌파했다. 유튜브 영상 그 자체도 흥미롭지만, 진짜 백미는 단연 댓글창이다. 특히 '주접 댓글'이라 불리는 재기발랄한 문장들을 보라. 세상에 이렇게 사랑스러운 언어의 마술사들이 또 있을까.

○○아, 시간 나면 아르바이트 치과에서 해라

널 보면 입이 안 다물어지니까

우리 ○○이 승마장 출입 금지 당했어요
왜인지 알아요? 외모 보면 말이 안 나와서…

나 굴 좋아해, ○○이 얼굴

이렇게 참신한 생각은 왜 퇴근하고 수면 바지 입고 유튜브를 봐야만 떠오르는 걸까? 슬랙스를 입고 사무실에 앉아 있는 동안에도 이런 카피를 쓸 수 있다면 얼마나 좋을까? 답은 간단하다. 검증된 드립을 빌려오면 된다. 단, 무작정 베끼는 것이 아니라 전략적인 변주가 필요하다.

_ **첫째, 아이디어만 빌리고 형식은 완전히 바꾼다**

댓글의 핵심 논리Core Logic만 가져오는 방식이다. 익숙한 농담의 뼈대 위에 제품의 장점을 얹으면 친근하면서도 세련된 카피가 된다.

- 원본: ○○에게는 벽이 느껴져, '완벽'.
- 변형: 신제품 ○○에 벽을 느끼신다는 고객님이 많아 긴급 출동했습니다. '완/벽/그/자/체'라는 극찬 리뷰를 직접 확인해보세요.

'벽이 느껴져, 완벽'이라는 아이디어만 빌려오고 형식은 고객 리뷰를 강조하는 신뢰형 문장으로 재구성했다. 만약 "이번 신제품에는 벽이 느껴져, 완벽"이라고 그대로 썼다면? 괜히 마음이 찜찜하지 않겠는가.

_ **둘째, 형식과 아이디어를 빌리되, 구체적인 '살'을 붙인다**

이번에는 형식과 아이디어를 모두 빌려오되, 베낀 게 되지 않도록 살을 붙여보자.

- 원본: ○○의 얼굴이 서사고 발단이고 결말이야. 그저 작품이지.
- 변형: ○○은 아르기닌의 서사이고 발단이며 결말입니다. 6,000mg 고함량으로 아르기닌 시장의 새 기준을 썼으니까요.

첫 번째 문장은 형식과 아이디어를 모두 빌려왔다. 하지만 두 번째 문장에서 제품의 장점을 풀어내는 살을 붙임으로서 단순 패러디가 아닌 우리만의 카피가 됐다. '작품'을 '새 기준'으로 바꾼 것도 포인트.

_ **셋째, 아이디어만 가져오고 표현은 완전히 새롭게 정의한다**

마지막으로 가장 고차원적인 방법이다. 댓글의 상황 설정만 빌려와 전혀 다른 맥락의 카피를 만든다.

- 원본: ○○이 때문에 전쟁 났어요. 아름다워(war), 사랑스러워(war)!
- 변형: 단백질 시장에 전쟁을 선포합니다. 맛으로, 성분으로, 그리고 가격으로.

'war'를 이용한 언어유희는 과감히 버렸다. 그 대신 '전쟁'이라는 콘셉트만 가져와 '우리 제품이 기존 시장을 압도한다'는 강한 자신감을 전달했다. 만약 이 댓글을 참고하지 않았다면, 여느 제품처럼 맛과 성분이 좋다는 뻔한 나열식 카피에 그쳤을 것이다.

댓글은 대중의 집단지성이 검증한 '가장 날것의 무기'다. 사무실 책상 앞에 앉아 머리를 쥐어짜는 대신, 지금 당장 유튜브 댓글 창을 열어라. 그곳에는 당신의 상상력을 뛰어넘는 비유와 위트가 가득하다. 주접 댓글의 형식이나 아이디어를 전략적으로 빌려와 제품의 가치를 입혀보자. 대중이 이미 '따봉'으로 인정한 문장은 결코 실패하지 않는다. 그들의 언어로 당신의 제품을 다시 정의하는 것, 이것이 가장 쉽고 빠르게 고객의 심장에 닿는 지름길이다.

'내돈내산' 고객 리뷰로 카피를 쓰는 3가지 원칙

+ 웬만해서 실패하지 않는 카피, 리뷰 빌려오기

고객 리뷰는 웬만해선 실패하지 않는 카피다. 아니, 정확히 말하면 실패할 수가 없다. 고객들은 판매자가 자기 제품 좋다고 홍보하는 것보다, 나처럼 돈을 지불한 '내돈내산' 고객이 "이 제품 정말 좋다"라고 말하는 걸 훨씬 더 믿기 때문이다.

"와~ 프로틴인데 이렇게 맛있을 수 있나요?"

이 문장이 브랜드의 공식 카피라면? '에이, 또 광고네~' 하고 넘긴다. 하지만 이 문장이 실제 고객 리뷰라면? '어랏, 진짜?' 하고 관심이 생긴다. 똑같은 문장인데 누가 썼느냐에 따라 고객의 반응은 완전히 다르다. 리뷰를 카피로 활용할 때는 다음의 세 가지 원칙을 반드시 기억해야 한다.

첫째, 모바일 환경을 고려해 가독성을 극대화하라

고객은 상세페이지를 볼 때 3초 안에 스크롤을 내린다. 글씨가 작으면 아예 안 읽는다. PC에서는 괜찮았는데 모바일에서 안 보이면 그 리뷰는 없는 것이나 마찬가지다. 모바일 기준으로 디자인을 해야 한다는 건 아무리 강조해도 지나치지 않다.

나쁜 사례

- 리뷰 스크린샷을 날것 그대로 붙여넣기 (×)
- 글씨가 작고 해상도가 낮음 (×)
- PC에서는 괜찮았는데 모바일에서 판독조차 불가한 것 (×)

해결책

- 리뷰 내용을 깔끔한 텍스트로 디자인하기
- 진짜 리뷰라는 증거를 위해 작은 캡처 이미지와 함께 보여주기
- 강조하고 싶은 핵심 문구만 골라 크게 키워서 배치하기

리뷰 카피의 핵심은 '시각적 훅Hook'과 '실체적 증거'의 조화다. 예를 들어, 영양제 리뷰 중에 "먹을 때와 안 먹을 때 차이가 확 나요"처럼 고객의 생생한 경험이 녹아 있는 핵심 문장이 있다면 큰

텍스트로 배치해 스크롤을 멈추게 해야 한다. 그 바로 아래나 옆에는 해당 문장이 포함된 리뷰 전체 스크린샷을 작은 캡처 이미지로 곁들여, 이것이 브랜드가 지어낸 말이 아닌 실제 고객의 '내돈내산' 기록이라는 신뢰의 쐐기를 박는 식이다. 가독성을 높여 메시지를 전달함과 동시에 보이지 않는 의심까지 차단하는 가장 영리한 배치 전략이다.

둘째, 제품의 핵심 USP를 담은 리뷰만 선별하라

"제품이 좋아요", "마음에 들어요" 같은 영혼 없는 칭찬은 마우스 리뷰에서도, 캡슐 커피 원두나 콜라겐 미스트에서도 쓸 수 있다. 우리 제품이 아니더라도 어디에나 쓸 수 있는 범용적인 카피는 결코 좋은 카피가 될 수 없다.

나쁜 사례

- 제품이 좋아요 (×)
- 마음에 들어요 (×)
- 잘 쓰고 있어요 (×)
- 배송이 빨라요 (×)

좋은 사례

- "먹을 때와 안 먹을 때 차이가 확 나니까 알아서 챙겨 먹습니다."
- "먹다 안 먹으니 갑자기 체력이 확 떨어졌어요."

이렇게 제품 고유의 이점이 직접적으로 드러난 리뷰를 고르면, 제품이 뭔지도 모르지만 '체력에 좋은 건강식품이구나'를 직관적으로 알 수 있다. 게다가 고객들 각각의 경험과 언어가 제각각이라 하나의 USP를 수천 가지 카피로 표현할 수 있으니, 그중 가장 좋은 리뷰만 낚시하듯 건져 올리면 된다.

셋째, 타깃별·상황별로 리뷰를 분류하라

리뷰를 그저 나열하지 말고 주제별로 묶어서 보여줘라. 고객은 자신과 비슷한 상황에 처한 사람의 목소리에 가장 크게 반응한다.

나쁜 사례

리뷰 1: 효과가 좋아요.

리뷰 2: 남편이 좋아해요.

리뷰 3: 체력이 좋아졌어요.

리뷰 4: 임신 준비 중이었는데 좋은 소식 왔어요.

좋은 사례

- 여성 고객 리뷰: "임신 준비하면서 먹었는데, 드디어 좋은 소식이 찾아왔네요." "정상적인 컨디션이란 이렇게 몸이 가벼운 거구나 알게 됐어요."

- 남성 고객 리뷰: "산책 20분도 힘들었는데 이제 1시간은 거뜬히 걸

네요.” “주말마다 피곤하다고 노래 부르던 제가 일찍 일어나서 아이랑 놀아주고 아주 최고예요.”

이렇게 하나의 USP(건강 개선)를 ‘여성 고객 변화 vs 남성 고객 변화’로 나눴더니 훨씬 풍부한 카피가 됐다. 더 중요한 건 고객들이 리뷰 본문을 전부 안 읽어도 ‘여성 고객 리뷰’, ‘남성 고객 리뷰’라는 분류만 보고 자신에게 필요한 정보를 바로 찾는다는 점이다. 여성 고객은 여성 리뷰를, 남성 고객은 남성 리뷰를 보면서 ‘나랑 비슷한 사람들이 좋다고 하네?’ 생각하게 된다.

리뷰를 많이 보여주는 것보다 쉽게 읽히게 만드는 것이 중요하다. 많은 리뷰를 공들여 읽어보고 싶은 고객은 없다. ‘그래서 뭐가 좋은데?’를 빨리 캐치하고 싶을 뿐이다. 보여주고 싶은 리뷰가 많다면 리뷰를 주제별로 나눠서 고객들이 자기가 궁금한 부분만 골라 읽을 수 있게 만들어보자.

수백 년 살아남은 '명언과 속담'의 힘을 빌려라

+ **세월의 검증을 거친 문장은 배신하지 않는다**

수백 년의 세월을 견디고 살아남은 문장에는 분명한 이유가 있다. 사람들에게 이미 익숙하고, 쉽게 이해되며, 무의식중에 고개를 끄덕이게 만드는 힘이 있다. 게다가 저작권 걱정도 없다. 고전 명언과 속담은 누구나 자유롭게 변형해서 쓸 수 있는 인류 공통의 자산이다. (그간 굶주린 선조들 이야기를 자주 했는데, 이번에는 그분들의 지혜를 빌려보겠다. 부디 노여워하지 마시길!) 명언과 속담을 카피로 쓰기 위해서는 다음의 네 가지 원칙만 기억하면 된다.

첫째, 구조만 빌려와 익숙함을 선점하라

- 원본: 천 리 길도 한 걸음부터.
- 카피: '완벽한 피부'도 '하루 한 알'부터. 매일 챙겨 먹는 콜라겐 ○○.

"천 리 길도 한 걸음부터"의 구조를 빌려왔다. '천 리 길'을 '완벽한 피부'로, '한 걸음'을 '하루 한 알'로 바꿨다. 익숙한 구조 덕분에 제품의 사용 습관을 제안하는 메시지가 거부감 없이 전달된다.

둘째, 속담을 뒤집어 반전을 선사하라

- 원본: 백지장도 맞들면 낫다.
- 카피: 백지장도 맞들면 낫다는데, 이건 혼자 들어도 가볍습니다. 초경량 노트북 ○○○.

속담을 그대로 인용하되 뒤집었다. '맞들어야 낫다'는 걸 '혼자 들어도 가볍다'로 전환해서 제품의 압도적인 특징(초경량)을 강렬하게 강조했다.

셋째, 격언의 핵심 로직에 반전을 더하라

- 원본: 로마는 하루아침에 이루어지지 않았다.

- 카피: 몸매는 하루아침에 만들어지지 않습니다. 하지만 3개월이면 충분합니다.

'하루아침에 이루어지지 않는다'는 구조를 빌려와 현실적인 공감을 얻은 후 뒤에 반전을 줌으로써 '안 되는 거 아니야, 시간 걸릴 뿐이야'라는 희망적인 메시지로 전환한 셈이다.

- 원본: 시작이 반이다.
- 카피: 시작이 반이라더니 ○○ 쓰고 나서 피부 고민 반은 해결됐어요. 고객 만족도 98% ○○ 세럼

역시 '시작이 반'이라는 키워드만 가져와서 '고민 반은 해결'로 연결했다. 익숙한 표현이라 거부감 없이 읽힌다.

넷째, 사자성어 활용하기

- 원본: 일석이조(一石二鳥)
- 카피: 일석삼조는 이럴 때 쓰는 말. 층간소음 차단 + 보온성 + 쉬운 세탁까지 모두 잡은 층간소음 방지 슬리퍼

'일석이조'라는 사자성어의 익숙함을 활용하되, 제품의 다양한 강점을 강조하기 위해 숫자를 변형해 '일석삼조'로 업그레이드

했다. 이런 사자성어는 네이버에 '사자성어 추천' 정도만 검색해도 수두룩하게 나온다.

세상에는 이렇게나 훌륭한 카피의 재료들이 널려 있었다. 그간 방향 없이 야근하며 머리를 쥐어짜던 시간이 조금은 억울할지도 모른다. 하지만 이제 안테나를 세웠으니, 당신의 카피는 이전보다 훨씬 더 쉽고 강력해질 것이다.

셜록 홈스처럼 관찰하고 카피라이터처럼 수집하라

+ 일상의 소음이 당신만의 '카피 라이브러리'가 된다

셜록: 왓슨, 우리 하숙집 계단이 몇 개인지 아나?

왓슨: 모르는데?

셜록: 바로 그거야. 자네는 봤지만(see) 관찰하지 않았어(not observe). 자네는 수백 번 그 계단을 올라갔지만, 몇 개인지는 모르잖아. 왜냐하면 보기만 했고, 관찰하지 않았으니까. 나는 17개라는 걸 알아.

어린 시절 누구나 한 번쯤 빠져들었을 셜록 홈스 시리즈, 그중에서도 「보헤미아의 스캔들」에 나오는 명장면이다. 나는 아직도 이 대목을 선명하게 기억한다. (물론 전설이 된 영국 드라마의 영향이 더 컸지만 말이다.)

사실 우리의 일상은 이미 수천 개의 카피 재료들로 둘러싸여 있다. 문제는 그걸 기회로 포착하는 눈이 있느냐 없느냐다.

'아, 이 댓글 표현 괜찮네. 우리 제품에 쓸 수 있겠다.'

'이 리뷰, USP를 정말 잘 담았는데? 저장해둬야지.'

'이 책 제목 구조 참 좋다. 나중에 꼭 한번 써먹어야겠다.'

이렇게 생각하는 습관을 들이는 순간, 카피 쓰기는 훨씬 쉬워진다. 그 변화는 바로 오늘 퇴근길부터, 혹은 내일 출근길부터 시작될 수 있다. 지하철을 타면 광고판을 캡처하고, 유튜브를 보면 재치 있는 댓글을 스크린샷 찍고, 드라마를 보면 가슴에 박히는 대사를 메모하고, 서점에 가면 시선을 끄는 책 제목을 사진 찍는 것이다.

그렇게 모은 문장들이 쌓이면 어느 순간 당신만의 독보적인 '카피 라이브러리'가 완성된다. 라이브러리가 구축된 그때부터는 카피 쓰는 게 전혀 어렵지 않다. 영감이 오기를 기다리며 흰 화면을 노려보는 대신, 당신이 수집한 보물창고를 뒤적이기만 하면 되기 때문이다. 세상은 이미 카피로 가득하다. 우리는 그저 관심을 가지고 관찰하기만 하면 된다. 당신의 안테나가 켜지는 순간, 평범한 일상은 세상에 없던 카피의 재료로 탈바꿈한다.

다 된 밥에
재 뿌리지 않는
CTA의 3가지 원칙

+   **고객의 손가락을 움직이는 마지막 한 줄**

CTA란 무엇인가? 말 그대로 'Click to Action', 어떤 행동을 불러내기 위해 심어두는 버튼이자 장치를 뜻한다. 물론 여기서 우리가 행동을 하길 '원하는' 사람은 우리의 소중한 고객들이다. (아무것도 하지 않고 제발 가만히 좀 있었으면, 하고 바라는 김 부장님이 아니라.)

카피를 쓰는 사람들은 본문을 쓰는 데 전력을 다한다. 그러다 보니 프로모션 페이지나 제품 페이지를 업로드하고 난 후나 메타 광고 소재를 업로드하고 난 직후에는, CTA 버튼에 신경 쓸 여력이 남아 있지 않아 "구매하기" 같은 말로 '퉁치는' 경우가 많다. 이러면 다 된 밥에 재를 뿌리는 격임을, 2008년의 한 '전설'이 증명한 바 있다.

2008년 미국 대선. 버락 오바마 캠프는 웹사이트 최적화를 위해 말 그대로 목숨을 걸고 대규모의 A/B 테스트를 진행했다. 총 500건이 넘는 실험 중에서 가장 극적인 결과를 낸 건 놀랍게도 작고 사소해 보이는 CTA, 즉 '가입' 버튼이었다. 캠프는 "Sign Up(가입하기)", "Learn More(더 알아보기)", "Join Us Now(지금 동참하기)", "Sign Up Now(지금 가입하기)" 네 가지 문구를 홈페이지에서 비교하면서, 어떤 버튼이 뉴스레터 가입을 극대화하는지 분석했다. 뉴스레터를 통해 대부분의 후원이 이루어지기 때문에 최대한 많은 가입을 유도해내는 것이 핵심이었다.

그런데 놀랍게도 승자는 가입 그 자체를 의미하는 "Sign(가입)"이란 단어나, 즉시성을 촉구하는 "Now(지금)"가 포함되지 않은 "Learn More"였다. "Sign Up"과 비교했을 때 가입률이 무려 40.6% 높았는데, 버락 오바마에 관심은 있지만 뉴스레터를 구독할 만큼 열성적인지 스스로 확신할 수 없을 때 만나는 "Sign Up" 버튼이 그리 힘을 쓰지 못했던 것이다. 오히려 '일단 좀 더 알아보고…' 하는 식으로 액션의 무게감을 덜어내는 뉘앙스를 가진 "Learn More"가 더 적합했다.

이 차이가 만들어낸 결과는 신규 이메일 구독자 288만 명, 추가 기부금 약 683억 원(6천만 달러)이었다. 우리가 CTA 버튼 하나를 바꾼다고 이 정도의 매출을 낼 수 있을지는 미지수지만, 적어도 버

튼 하나 때문에 놓치고 있던 매출만큼은 잡을 수 있으리라 확신하
는 이유다.

그렇다면 CTA 버튼을 어떻게 설계해야 하는가. CTA를 설계할
때 기억해야 할 세 가지 원칙이 있다.

1. 고객이 왜 누르고 싶어 하는지 꿰뚫어야 한다.

2. 누르면 뭐가 나올지 예측 가능해야 한다.

3. 누르면 뭘 얻을 수 있는지 알려줘야 한다.

이제 하나씩 풀어보자.

                          원칙 ① 왜 누르고 싶어하는지 꿰뚫기

업계에서 널리 알려진 사례가 하나 있다. 성형외과나 피부과 병원
의 랜딩페이지 이야기다. 나와 같은 하체 비만 체형이라면 이런저
런 지방 흡입 광고를 보며 '나 정도면 견적이 얼마나 될까?' 궁금해
한 적이 있을 것이다. 이런 랜딩페이지 대부분은 마지막 CTA로 "상
담 신청하기" 버튼을 달고 있다. 그런데 이 버튼을 본 고객들은 어
떤 생각을 했을까?

당장 나만 해도 '사진을 내놓으라고 하면 어떡하지? 얼마까지
보고 왔냐고 물어보면 어떡하지? 나 진짜 유튜브에서만 보던 무서

운 상담 실장님을 만나는 건가?' 하고 마음을 졸이느라 마지막 버튼을 눌러보지 못하곤 했다. 이것이 바로 심리적 허들이다. 고객은 아직 '상담'이라는 거창하고 구속력 있는 행위를 할 준비가 되지 않았다. 그들이 원하는 건 '결정'이 아니라 '탐색'이다. 그런데 판매자는 자꾸만 최종 결정을 의미하는 '상담'이나 '계약'을 들이민다. 버튼을 누르는 순간 내가 판매자의 페이스에 말려들 것 같다는 공포를 느끼게 하는 것이다. 이때 카피라이팅 설계자는 고객의 진짜 속마음을 들여다봐야 한다.

고객이 진짜 원하는 건 뭘까? 할지 말지를 가늠할 수 있는 객관적인 데이터, 즉 견적일 것이다. 따라서 "상담 신청하기"는 지극히 판매자(병원)의 이기적인 버튼이고, "내 성형 예상 견적 받아보기"가 고객 입장의 버튼이 되는 것이다.

단어를 조금 더 확장해보면, "구매하기" 대신 "무료로 시작하기"를 쓰고, "가입하기" 대신 "내 등급 확인하기"를 쓰는 식이다. '나에게 무언가를 요구하는 버튼'이 아니라 '나에게 무언가를 주는 버튼'으로 인식을 전환시켜야 한다. 행동 유도는 판매자가 설계하지만, 그 행동을 실천하는 명분은 고객에게서 나와야 하기 때문이다. 똑같이 '문의 양식을 제출하는' 행동을 유도하지만, 버튼 문구만 바꿔도 결과는 드라마틱하게 달라진다. 핵심은 하나다. 내가 원하는 행동이 아니라 고객이 결과적으로 원하는 상태를 버튼에 담는 것이다.

UX 업계에서 전설처럼 전해져 내려오는 '$300 Million Button(3억 달러짜리 버튼)' 이야기가 있다. 2009년 UX 컨설턴트 재러드 스풀 **Jared Spool**이 공개한 사례로, 미국의 한 대형 이커머스 사이트에서 발생한 일이다.

고객이 장바구니에 물건을 담고 "결제하기" 버튼을 눌렀다. 당연히 결제 정보 입력 화면이 나올 거라고 예상했다. 그런데 갑자기 '로그인' 또는 '회원가입' 화면이 뜬 것이다. 고객들의 반응은 두 가지였다. 해당 사이트를 처음 방문한 첫 구매 고객은 '결제하려고 했는데 왜 회원가입을 시켜? 내 정보 털어서 스팸 보내려고?'라며 이탈을 선택했다. 재구매 고객은 비밀번호가 기억나지 않아 헤맸다. 조사 결과, 전체 고객의 45%가 계정을 여러 개 만들어놓고 있었으며, 어떤 고객은 계정이 10개나 됐다. 하루에 들어오는 비밀번호 재설정 요청만 16만 건이었다.

해결책은 간단했다. "회원가입" 버튼을 "계속하기**Continue**" 버튼으로 바꾸고, 옆에 이 문구를 넣었다. "회원가입 없이도 구매할 수 있습니다." 결과는 놀라웠다. 구매 전환율이 45% 올랐다. 첫 달엔 추가 매출이 170억 원(1,500만 달러)이더니, 1년 동안 3,400억 원(3억 달러)으로 누적되었다. (아, 이 중 1%만이라도 내 통장에 있다면 얼마나 좋을까.)

이처럼 "결제하기"를 눌렀으면 결제 화면이 나와야 한다. 예상과 다른 화면이 뜨는 순간 고객은 무서워진다. 무서우면 도망간다. 반면 나의 구매 행동을 중단 없이 '계속할' 수 있다고 안내하는 버튼을 누르면 이탈하지 않는다. 작은 단어 하나에 매출이 왔다 갔다 하는 것이다.

빛이 있으면 그림자도 있는 법. 누르면 무엇이 나올지 예측하지 못하게 하는 행위는 일종의 기만행위이기도 하기에 종종 규제 대상이 되기도 한다. 공정거래위원회가 2023년 숙박 예약 사이트들을 조사한 결과, "최저가 보기" 버튼을 눌렀는데 바로 결제가 진행되는 사례가 적발됐다. 혹은 약속한 최저가에 이런저런 명분으로 더 높아진 '진짜 금액'이 나와 고객을 기만한 행위도 있었다. 고객을 속이는 버튼은 단기적으로 매출을 올릴 수 있어도, 장기적으로는 브랜드를 망친다.

+ 원칙 ③ 누르면 뭘 얻을 수 있는지 알려주기

2025년 11월, 당근비즈니스에 흥미로운 공지가 올라왔다. 리드폼(고객 정보 수집 양식)의 행동 유도 버튼을 다양화한다는 내용이었다.

기존에는 당근에서 광고를 본 고객들이 누를 수 있는 CTA 버튼 속 카피는 "신청하기"로 고정되어 있었다. 자동차 시승 광고를 해도, 인테리어 견적 광고를 해도, 헬스장 체험 광고를 해도, 전부 똑같은 버튼이었던 CTA 버튼이 업데이트된 것인데, 이용자들이 서비스 항목(시승, 상담, 렌탈, 가입, 체험, 견적, 창업, 회원권, 사전, 지원금, 혜택, 이벤트)을 선택하고 버튼명(신청하기, 문의하기, 예약하기)을 조합할 수 있는 서비스였다. 그 후로 이용자들은 "시승 신청하기", "견적 문의하기", "체험 예약하기"처럼 구체적인 버튼을 만들 수 있게 되었다.

당근은 왜 이런 기능을 추가했을까? 버튼 문구가 전환율에 영향을 미친다는 걸 데이터로 인정했기 때문이다. 생각해보자. 중고차를 파는 광고를 보고 "신청하기"라는 버튼을 봤을 때 고객은 이런 생각을 한다. '뭘 신청하는 거지? 누르면 뭐가 나오지? 돈 내야 하나? 영업 전화 오는 거 아니야?' 버튼이 모호하면 불안해진다. 불안하면 누르지 않는다.

반면 "시승 예약하기"라는 버튼은 다르다. 누르면 시승 예약이 된다는 걸 바로 알 수 있다. 인테리어 업체의 "신청하기"를 "견적 문의하기"로 바꾼다면 이 또한 마찬가지다. 전자는 인테리어를 신청하는 걸로 잘못 이해해 당장 내일부터 짐을 빼야 할 것 같은 부담감이 들지만, 후자라면 꼭 필요한 견적을 가벼운 마음으로 요청할 수 있을 것 같다. 누르면 견적을 받을 수 있다는 것, 버튼만 봐도 내가 뭘 얻게 되는지가 명확하게 보인다.

당근 같은 대형 플랫폼이 이 기능을 만들었다는 건 시사하는 바가 크다. 수천, 수만 개의 광고 데이터를 분석하는 플랫폼이 '버튼 문구가 중요하다'는 결론을 내린 것이다. 우리가 상세페이지나 랜딩페이지를 만들 때도 똑같은 원칙이 적용된다. 핵심은 '행동'이 아니라 '결과'를 보여주는 것!

제품과 서비스에 맞게 "신청하기"를 "시승 신청하기", "견적 문의하기", "체험 예약하기", "혜택 받기" 등의 다양한 CTA로 설계하는 것이다. 전자는 고객에게 요구하는 행동이지만 후자는 고객이 얻게 될 결과다. 단어 하나 추가했을 뿐인데, 버튼의 성격이 완전히 달라진다.

더 나아가면 이렇게도 바꿀 수 있다. 고객이 버튼을 누르면 얻게 될 것을 구체적으로 상상하게 만드는 것이 핵심이다.

[Case Study] '행동'을 '결과'로 바꾼 CTA 비포 앤 애프터		
제품/서비스	Before (고객의 행동)	After (고객의 결과)
온라인 클래스	수강 신청하기	첫 강의 무료로 보기
건강기능식품	구매하기	30일 체험 시작하기
인테리어 서비스	상담 신청	무료 견적 받아보기
SaaS/업무 툴	회원가입	14일 무료로 써보기
뉴스레터	구독하기	매주 월요일 인사이트 받기
이커머스(의류)	결제하기	오늘 주문하고 내일 입기
다이어트 앱	앱 다운로드	내 칼로리 계산해보기
부동산 중개	문의하기	매물 사진 더 보기
펫 용품	장바구니 담기	우리 강아지 선물 담기
금융 상품	가입하기	내 금리 확인하기

"구매하기"는 고객이 (제발) 해주길 바라는 판매자 입장에서의 버튼이라 고객에게 무언가를 요구하지만, 반대로 "30일 체험 시작하기"는 고객이 얻게 될 결과를 보여준다. 사람은 행동보다 결과에 끌린다. 당근도 이걸 안다. 그러니 우리도 알아야 한다.

+ **추가로 기억하면 좋을 3가지 팁**

첫째, 한 화면에 CTA는 하나만 배치하라

2000년 컬럼비아대학 시나 아이엔가Sheena Iyengar 교수의 '잼 실험'은 지금도 마케팅 교과서에 실리는 고전이다. 24가지 종류의 잼을 진열했을 때보다 여섯 가지만 진열했을 때 구매율이 열 배 높았다는 사실은, CTA 버튼도 마찬가지임을 시사한다. 선택지가 많으면 고객은 결정을 내리지 못한다. 프로모션 배너나 이벤트 페이지를 만들 때 버튼을 여러 개 넣고 싶은 유혹이 생기기 마련이다. 하지만 참아야 한다. 가장 중요한 행동 하나만 남기고 나머지는 과감히 빼는 것에 설계의 미덕이 있다.

둘째, 낯선 용어 대신 일상 용어를 사용하라

토스의 사례가 대표적이다. 토스는 주식 거래 화면에서 '매수하기', '매도하기'라는 증권사 용어 대신 "구매하기", "판매하기"라는 일상 용어를 쓴다. 2026년 현재도 그대로 유지되고 있다. '매수'

가 뭔지 아는 사람만 주식을 사는 게 아니다. 처음 주식을 시작하는 사람도 있다. 그 초심자가 "구매하기" 버튼을 보면 망설임 없이 누를 수 있다. 나중에 후회하는 것과는 별개로 말이다.

셋째, 버튼 옆 '마이크로 카피' 공간을 활용하라

버튼 옆이나 아래에 짧은 문장을 넣으면 전환율이 올라간다. 이걸 UX 심리학에서는 '클릭 트리거Click Trigger'라고 한다. "7일 무료 체험" 버튼 옆에 "카드 등록 필요 없음"이나 "언제든 해지 가능" 따위의 문구가 붙어 있는 걸 많이 보았을 것이다. CTA 옆 공간을 활용해 고객이 무엇을 얻게 될지까지 미리 알려주었더라도, 여전히 클릭은 고객에게 큰 결심이기 때문에 이 결심을 행동으로 바꿀 수 있도록 살짝 등을 밀어주는 역할을 하는 카피인 셈이다.

브랜드의 격을 결정하는 마지막 1%, '피크 엔드' 법칙

+ **유종지미**有終之美**, 끝이 좋아야 진짜 좋은 브랜드다**

노벨 경제학상 수상자 대니얼 카너먼은 한 가지 흥미로운 실험을 진행했다. 참가자들에게 14도의 찬물에 1분간 손을 담갔다가 꺼내게 했다(A). 이어진 실험에서는 우선 첫 실험과 똑같이 14도의 찬물에 1분간 손을 담갔다가, 곧바로 조금 덜 차가운 15도의 물에 30초를 더 머물게 했다(B). 이 실험을 다시 수행한다고 가정하고 A와 B 중 어느 쪽을 선택하겠냐고 물었을 때, 참가자들은 어떤 대답을 했을까?

고통의 총합은 A가 더 작다. 시간상 1분에 끝났으니까. 그런데 놀랍게도 참가자들은 대부분 B를 선택했다. 마지막 15도가 '덜 차갑게' 느껴졌기 때문이다. 끝이 좋으면 전체 경험이 좋게 기억된다는 '피크 엔드Peak End' 법칙의 발견이었다.

이 실험 결과와 마찬가지로 사람들은 경험 전체를 평균 내서 기억하지 않는다. 가장 강렬했던 순간(피크)과 마지막 순간(엔드), 딱 이 둘로 전체를 판단한다. 사랑니를 뽑으러 치과에 다녀온 경험을 떠올려보자. 접수하고, 지루하게 기다리고, 진료받고, 수납하고, 집에 가고. 이 중에서 기억나는 건 무엇인가? 마취 주사가 잇몸을 뚫고 들어오는 고통스러운 순간(피크), 그리고 수납할 때 예상보다 큰 금액을 보고 놀랐던 순간(1차 엔드), 그리고 집으로 돌아오는 길 버스 유리창에 비친 퉁퉁 부은 내 얼굴을 보고 좌절했던 순간(2차 엔드)뿐이다. 대기실에서 본 수십 개의 쇼츠 중 기억에 남는 건 하나도 없다.

고객의 구매 여정도 마찬가지다. 고객이 우리 브랜드를 떠올릴 때 남는 건 상세페이지 중간에 있던 지루한 성분 설명이나 상세페이지로 고객을 이끌었던 짧은 광고의 한 장면이 아니라, 피크와 엔드들이다. 그런데 피크는 극히 제한적이다. 회사 앞 카페 신메뉴를 어제는 정말 맛있게 먹었는데 오늘은 '이게 6,800원이나 하나?' 하는 것처럼, 고객에게 피크는 우리 제품을 마침내 실물로 만나고 처음 경험할 때에 한정되기 때문이다. 따라서 카피를 쓰는 사람들이 매달려야 하는 건 구매 여정 사이사이에 숱하게 존재하는 '엔드'들이다.

가입하고 받은 첫 메시지, 결제 후 보게 되는 화면, 택배 박스를 열었을 때의 첫인상, 리뷰 요청 등등 숱한 '끝'들이 모여 브랜드 전체 인상을 결정한다. 이 책의 마지막 공식에서는 고객이 구매 여정에서 만나는 '엔드(끝)'를 네 가지로 나누고 각각 어떻게 설계해야 할지를 다뤄본다.

+ 엔드 ① 회원가입 후 알림톡: 관계의 시작을 알리는 설계

회원가입은 고객이 우리 브랜드에 발을 들인 첫 순간이다. 동시에 '가입'이라는 행동의 '끝'이기도 하다. 이때 뭐라고 인사하느냐가 첫인상을 결정한다. 대부분은 이렇게 보낸다. "[하이디몰] 회원가입을 축하합니다! 신규 회원 10% 할인 쿠폰이 지급되었습니다. 지금 바로 쇼핑하세요!" 물론 잘못된 건 아니다. 그러나 하이디몰도 ○○몰도 ××몰도 이렇게 보내니, 고객들은 별 감흥을 느끼지 못한다. 작은 쇼핑몰의 경우에는 회원가입 후 자동 발송되는 문자나 알림톡이, 솔루션 개발자가 세팅해둔 기본값 그대로일 때도 많다.

앞서 배운 14가지 트리거를 여기에 적용하면 어떨까? 사소한 '엔드'지만 고객들에게 강렬한 첫인상을 만들어줄 수 있다.

<table>
<tr><td colspan="2" align="center">[Case Study] 14가지 트리거를 적용한 회원가입 알림톡</td></tr>
<tr><td>트리거 적용</td><td>알림톡 예시</td></tr>
<tr><td>트리거 ②
손실 회피하기</td><td>[○○몰] ○○님, 가입 감사해요! 첫 구매 쿠폰 3일 후 사라져요.
아까우니까 일단 저장해두세요 💾</td></tr>
<tr><td>트리거 ⑧
희소성 강조하기</td><td>[○○몰] ○○님, 반가워요! 이번 주 가입자만 받는 선물이 있어요.
수량 한정, 지금 확인하세요 🎁</td></tr>
<tr><td>트리거 ⑨
증거 제시하기</td><td>[○○몰] ○○님, 어서오세요! 오늘만 287명이 가입했어요
뭐가 있길래 그런지 둘러보러 오실래요? 👀</td></tr>
<tr><td>트리거 ⑭
호기심 자극하기</td><td>[○○몰] ○○님, 가입 감사해요!
첫 구매 전에 꼭 확인할 체크리스트가 있는데, 대체 뭘까요? 🙂</td></tr>
</table>

+ **엔드 ② 구매 완료 후 화면: 인지부조화를 잠재우는 설계**

특히 자사몰들이 규모와 무관하게 결제 완료 페이지를 대부분 이런 식으로 방치한다.

최홍희님, 주문이 완료되었습니다.

주문번호: 20260314-000831

배송지: 경기도 성남시 분당구…

결제금액: 45,000원

행정복지센터의 서류 발급 안내문도 이것보다는 친절할 것 같다. 돈을 쓴 직후는 '잘 산 거 맞나? 배송 준비 중으로 바뀌기 전에 얼른 취소할까?' 하는 특유의 '인지부조화'에 시달리는 타이밍이다. 불안한 고객들은 차가운 메시지에 더 떨게 된다. 이럴 때 해줄 한마디, 조금만 더 신경 써보면 어떨까? 예를 들어 이렇게.

[Case Study] 구매 완료 후 뜨는 화면의 문구 변경 예시	
기능	구매 후 화면 문구
구매 안심시키기	○○님, 좋은 선택이에요! 이번 주에만 328명이 같은 제품을 골랐어요.
다음 단계를 알려주기	오늘 오후 5시 전 주문은 내일 아침 도착해요. 배송 시작되면 카톡으로 알려드릴게요!
기대감을 심어주기	박스 안에 깜짝 선물 넣어뒀어요. 열어보시면 알게 됩니다.

요즈음 택배 박스 안에 작은 포토카드나 엽서, 하다못해 사탕이라도 넣어서 보내는 브랜드가 많다. 이런 브랜드들이 위 표의 마지막 말처럼 구매 완료 후 메시지를 설정해둔다면? 아무리 작은 선물이라도 고객은 제품을 받으면서 '이게 그거구나!' 하고 소소한 행복을 경험할 수 있다. 기다리는 동안의 지루함이 설렘으로 바뀌는 건 덤이고.

제품 받고 며칠 지나면 리뷰 요청 문자가 온다. "고객님의 소중한 후기를 남겨주세요! 작성 시 적립금 500원 지급!" '소중한 후기'라는 말은 이제 너무 많이 들어서 아무 감흥이 없는데, 감히 3분 이상을 투자해야 하는 리뷰 작성을 겨우 500원으로 퉁치겠다고? 써주고 싶던 마음까지 싹 사라지게 만든다. 여기에도 14가지 트리거를 적용해보자.

[Case Study] 14가지 트리거를 적용한 리뷰 요청 알림톡	
트리거 적용	**알림톡 예시**
트리거 ⑤ **공감 얻기**	[○○몰] ○○님, 며칠 써보셨는데 어떠세요? 혹시 불편한 점 있으면 리뷰 말고 여기로 먼저 말씀해주세요.
트리거 ⑦ **진정성 강조하기**	[○○몰] ○○님, 솔직히 리뷰 부탁드리려고 연락드렸어요. 저희 같은 작은 브랜드는 리뷰 하나가 진짜 큰 힘이 돼요 🙏
트리거 ⑨ **증거 제시하기**	[○○몰] ○○님, 이번 주에만 142명이 리뷰 남겨주셨어요. ○○님 후기도 기다리고 있을게요!
트리거 ⑩ **죄책감 자극하기**	[○○몰] ○○님, 잘 받으셨죠? 정성껏 포장했는데 마음에 드셨으면 좋겠어요. 한 줄이면 충분한 리뷰로 응원 부탁드려요 🙏
트리거 ⑪ **게으름으로 유혹하기**	[○○몰] ○○님, 리뷰 안 쓰셔도 돼요! 별점만 눌러주셔도 감사하거든요 ★

매시간 정각이 되면 잠든 줄 알았던 스마트폰이 미친 듯이 울린다. 언제 가입했는지도 기억이 안 나는 온갖 브랜드들에서 광고 문자와 카카오톡 푸시를 보내기 때문이다. 그렇기 때문에 열심히 작성한 우리의 엔드들이 고객에게 닿지 못할 수도 있다.

그러나 택배 박스는 어떤가? 사랑스러운 고양이를 위해 종이 박스가 필요해서 주문한 집사님일지라도, 제품을 감싼 택배 박스는 반드시 뜯어봐야 한다. 그러니 택배 박스 속 작은 메시지 카드만큼은 고객들이 반드시 만나는 최종적인 엔드가 된다. 그런데 메시지가 여전히 "소중한 후기를 남겨주세요! 리뷰 작성 시 적립금 1,000원 지급!"이라면? 또 적립금이다. 요즘 1,000원으로는 편의점 슬러시 한 컵도 언감생심이다. 카드를 넣을 거면 제대로 넣자. 이왕이면 14가지 트리거를 적용해서 말이다.

[Case Study] 14가지 트리거를 적용한 메시지 카드	
트리거 적용	**알림톡 예시**
트리거 ⑤ **공감 얻기**	고민 끝에 결제 버튼 누르셨죠? 그 마음 알아요. 저희도 떨리는 마음으로 포장했어요. 마음에 드셨으면 좋겠습니다. 🙏
트리거 ⑦ **진정성 강조하기**	저희는 광고비가 없어요. 그 대신 제품에 올인합니다. 그래서 리뷰 하나가 정말 큰 힘이 돼요. 10초만 투자해주시면 감사하겠습니다.

| 트리거 ⑩
죄책감 자극하기 | ○○님, 작은 선물 넣어뒀어요.
마음에 드셨다면 한 줄 리뷰로 응원해주세요.
저희에겐 백 마디보다 큰 힘이에요. |
| 트리거 ⑭
호기심 자극하기 | 재구매율 ××%의 베스트셀러 샘플을 선물로 드려요!
써보시면 알게 될 기적, 지금 구경하러 오실래요? 👀 |

인쇄한 걸 아는데도 괜히 더 정감이 가는 손글씨 느낌 폰트를 써주면 효과는 더 좋다. 물론 브랜드의 톤앤매너와 맞아야 한다. 전문적인 브랜드가 이런 서체의 메시지 카드를 보낸다면 다 된 밥에 재를 뿌리는 게 될지도 모른다. 고객의 여정을 설계하는 마지막 순간까지, 당신은 '설계자'임을 잊지 말아야 한다.

기술은 훔칠 수 있어도
자세는 훔치지 못한다

"카피는 어떻게 하면 잘 쓸 수 있나요?"

강의가 끝나면 항상 받는 질문이다. 신기하게도 기업 출강을 가든, 오프라인 강의든, 혹은 일대일 컨설팅을 진행하든 질문은 늘 똑같다. 솔직히 말하면 나도 모른다. 아니, 정확히는 단박에 내놓을 뽀족한 답이 없다는 게 맞는 말일 것이다. 나도 매일 카피를 쓴다. 하지만 어제 고심해서 썼던 카피를 오늘 다시 보면 '이걸 정말 내가 썼나?' 싶어 이불킥을 하곤 한다. 이 책이 출간되면 얼마 지나지 않아 서점에서 책을 전부 회수하고 싶다며 출판사 사장님의 바짓가랑이를 붙잡고 울지도 모를 일이다.

수년간 카피를 써왔지만 여전히 헤맨다. 그래도 한 가지는 확실히 알았다. 카피를 잘 쓰는 법을 알아내려면 먼저 '잘 쓴 카피란 무엇인가'에 대한 자기만의 정의부터 내려야 한다는 것이다. 어떤 카피가 잘 쓴 카피인가? 상세페이지 카피는 기막히게 잘 쓰는데 SNS 광고 소재는 못 만드는 사람이 있다면, 그 사람은 좋은 카피라이터인가 아닌가? 이와 반대로 "딱 보니 알겠다. 이 카피, ○○○이 썼지?" 할 정도로 개성이 뚝뚝 묻어나는 카피가 좋은 카피인가 아닌가?

정답은 없다. 아니, 애초에 있을 수가 없다. '잘 썼다'는 기준은 사람마다 다르기 때문이다. 그래서 "카피는 어떻게 잘 써요?"라고 질문하기 전에 내가 생각하는 '좋은 카피의 기준'부터 정해야 한다. 그 기준을 정하려면? 남이 쓴 카피를 많이 보는 수밖에 없다. 온갖 카피를 보고, 듣고, 맛보고, 즐기고, 모으면서 집요한 카피 수집가가 되어가다 보면 자연스럽게 자신만의 기준이 생긴다. "아, 나는 이런 카피가 좋아." 그제야 질문이 이렇게 달라지고, 비로소 나도 대답을 할 수 있게 된다.

"저는 이런 걸 강조하는 카피가 좋은데, 그런 카피는 어떻게 쓰나요?"

여기저기서 카피를 많이 보고 듣고 기억할수록 나만의 기준은 굳이 찾으려 애쓰지 않아도 자연스럽게 생긴다. 그렇게 좋아하는 카피를 자꾸 따라 쓰고 빌려 쓰다 보면, 내 기준에 걸맞은 카피라이팅 방법을 체득하게 된다. 그러면 애초에 '카피를 어떻게 잘 쓰는지'와 같은 추상적인 질문은 더 이상 하지 않게 될 것이다.

"기술은 훔칠 수 있어도 자세는 훔칠 수 없다."

아모레퍼시픽 창업주 고ﷺ 서성환 회장에게 어머니가 늘 들려주던 말이라고 한다. 카피도 마찬가지다. 카피라이팅의 기술은 누구나 배울 수 있다. 이 책을 읽으면 된다. 카피를 무한대로 생성해내는 기술도 연습하면 된다. 현직자들이 현장에서 얻은 노하우들도 기술이다. 그러니 따라 하면 된다.

하지만 자세는 다르다. 세상 곳곳에 안테나를 꽂아두고 좋은 카피를 수집하는 습관, 매일 메모하고 캡처하고 분석하는 태도, '이 표현 괜찮네!' 싶으면 바로 저장해두는 부지런함. 이런 것은 아무도 대신해줄 수 없다. 오직 내가 해야만 하는 일들이다. 기술은 훔칠 수 있다. 하지만 자세는 훔칠 수 없다. 그건 오롯이 당신 몫이다.

나는 당신이 언젠가 이 책을 완전히 잊는 날이 오면 좋겠다. 이상하게 들릴 수 있다. 저자가 독자에게 '내 책을 영영 잊으세요'라니. 하지만 진심이다. 카피를 쓴다는 건 결국 나 자신과의 엉덩이 싸움으로 완성되는 연습의 영역이기 때문이다.

공식은 연습 과정을 훨씬 명료하고 정확하게 만들어준다. 지름길이 되어준다. 하지만 연습이라는 물리적인 시간을 거치지 않고서는 절대로 실력이 좋아지지 않는다. 공식 없이 연습하면 헤맨다. 시간이 말도 안 되게 오래 걸린다. 그래서 쉽게 포기하게 된다. 반대로 공식만 알고 연습을 게을리하면 실전에서 헤맨다. "김 대리, 책 열심히 읽더니 결과물은 그냥 그렇네?"라는 상사의 기분 나쁜 웃음을 견뎌야 할지도 모른다. 공식은 이미 이 책에 다 있으니 이제 남은 건 연습뿐이다. (김 부장님, 딱 기다리시라!)

연습의 과정을 모두 끝내고 '아, 이게 바로 카피라이팅이지' 하고 깨달았을 때, 어디 가서도 빠지지 않는 실력을 갖췄을 때, 당신은 이미 카피라이팅의 절대 공식을 몸으로 기억하고 있을 것이다. 그때는 어떤 개념이나 원리를 단어로 기억하는 일은 없을 것이다. 하지만 카피는 누구보다 잘 쓴다.

나도 모르게 기술은 다 잊었는데 결과물은 누구보다 훌륭하며, 그 까탈스러운 상사가 찍소리도 못하는 유쾌한 모순. 나는 당신에게 바로 그 순간이 찾아오길 진심으로 바란다.

책을 쓰는 것보다 읽는 게 참 어려운 시대다. 유튜브 쇼츠가 넘쳐나고, 인스타그램 릴스가 끝없이 올라오고, 틱톡이 시간을 잡아먹는 시대. 이 모든 유혹을 뿌리치고 '카피 한번 잘 써보고 싶다'는 생각 하나로 꿋꿋하게 이 책을 끝까지 읽어준 당신에게 깊은 감사를 드린다.

이제 책을 덮고 나가서 써라.
메모장을 열고
카피 쓰고 고치고 또 쓰고,
실패하고 다시 쓰고.

그렇게 한 걸음씩 가다 보면 어느 순간 당신은 이 책을 까먹었는데도 카피를 기막히게 잘 쓰는 사람이 되어 있을 것이다. 그때는 부디 내게 한 수 가르쳐주시길. 더 높은 곳에서, 더 넓은 세상에서 당신을 기다리고 있겠다.

팔리는 카피의 절대 공식

퇴근 전 바꾼 카피 하나로 매출을 뒤집는 57가지 문장 공식

초판 1쇄 발행 2026년 4월 22일

지은이 최홍희
펴낸이 김수현

디자인 [★]규
제작 재영B&P
물류 우진물류

펴낸곳 도서출판 어웨이크
출판등록 2024-000121호
주소 서울시 마포구 월드컵북로 400, 5층 21호
이메일 edit@awakebooks.co.kr

ⓒ 최홍희, 2026
ISBN 979-11-996249-5-5 03320